学級を最高のチームにする極意

クラスがまとまる！
協働力を高める
活動づくり

赤坂 真二 編著

小学校 編

明治図書

まえがき

　「チームの時代」と呼ばれるようになりました。1965年生まれの私が子どもの頃は，高度経済成長の時代でした。大量生産が求められた時代は，人を一定の枠に当てはめて，それこそ「組織の歯車」のようにして動かすことによって生産性を高めなければいけませんでした。だから，社会から求められる人材は，組織の一員として，余計なことを考えずに余計なことを言わずに，上の意向に黙って従う力が求められました。

　しかし，やがて社会にものがあふれるようになると，量から多様性の時代に移行していきます。みんなが同じことをやっている労働から，個人の独立性を大事にするようになりました。個人の自由度が，多様な商品を生み出す原動力になるからです。そのため，企業は個人の能力を評価する成果主義を取り入れるようになりました。

　ところが，この成果主義は，今まで組織の歯車として働いてきた日本人には合わなかったようです。個人に成果を求めることによって個人への期待が大きくなります。すると真面目な日本人は，仕事にプレッシャーを受けるようになり，周囲のことはさておいて自分のことだけを考えるような人たちが出てきました。これによって，組織としてのまとまりが失われ，生産性を落とす企業も出てきました。

　そういう中で，企業が生き残るために選んだ戦略はチームとして成長することです。ある課題に対して，チームみんなでアイディアを出し合い解決していくようになったわけです。チーム力が必要になったのは，これまでの労働形態が合わなくなったからだけではありません。

　世の中は複雑化，高度化し，そこで生起する課題もそれだけ，複雑化，高度化しました。その課題を解決するには，過去の解答例が適用できなくなってきました。すると，課題を解決するには，一人で考えるには手に負えないものが多くなってきたのです。すると，その場にいるメンバーでアイディアを出し

合い，正解ではなく「最適解」を見つけ出す力が求められるようになりました。

　この一人では解決できない課題を，力を合わせながら解決する力が，チーム力で，そこで個々のメンバーに求められるのが協働力なのです。これからの時代は，組織に依存した受け身の生き方では，やっていけません。逆に，どんなに個人的に秀でた能力をもとうとも，他者と協力できないのではチームにデメリットをもたらしますのでアウトです。

> 協働力は，これからの社会人に必須の能力

と言えます。

　しかし，この協働力が，高校や大学の社会の出口で身につくかと言うとそうではありません。協働力は，他者理解力や共感力など，子どものときから育てるべき能力と深く関わっているため，初等教育の段階からじっくり育てる必要があるのです。

　本書は，私と10人の旬の実践家たちが協働力を育てるための考え方と具体的な実践を示しました。実践編を書いたのは，**金大竜，生方直，弥延浩史，近藤佳織，小野領一，松山康成，中條佳記，渡邊正博，飯村友和，浅野英樹**（敬称略，執筆順）です。そう，この中の多くは，それぞれに雑誌や書籍で名前を見る活躍中の教師たちです。彼らのクラスが，なぜ，生き生きと活動し，まとまっているのか，それは，

> 協働力を育てているからに他ならない

のです。理論編で考え方を知り，実践編でその具体的な姿を把握してください。生き生きと力を合わせ始める集団づくりにご活用していただければ幸いです。

　　　　　　　　　　　　　　　　　　　　　　　　　赤坂　真二

まえがき

第1章 協働力はクラスの「実力」のバロメータ

1　なぜ，協働力なのか　10
2　よいクラスとは　10
3　協働力とは　11
4　生きる力としての協働力　12
5　幸せになる力　14
6　協働力を高める　16

「クラスがまとまる！協働力を高める活動づくり」の使い方

※第2章の実践編は，下記の内容を中心にまとめています。

❶クラスの協働力を高める基本的な考え方
▶「私の考える協働力とは？」主体性を引き出し，対話と協働を高める活動づくりの考え方をまとめています。

❷クラスの協働力を高めた成功実践モデル
▶「このような取り組みで成功した」「こんな活動で子どもたちはこんな姿を見せた」という具体的な実践モデルを，初めて取り組む方にも追試できるよう，わかりやすく解説しました。

❸子どもが変わる！クラスが変わる！協働力育成の極意
▶「成功のために，ここは外せない」ポイントをまとめています。

第2章 子どもが変わる！クラスが変わる！協働力を高める活動づくり

協働力を高める活動づくり 実践編

1 協働力を高める活動づくり 22
 1 子どもたちがつながる教室 22
 2 子ども同士のつながりを深める前に 24
 3 子ども同士のつながりを深める 28
  (1) みんな遊びの時間を設定する 28
  (2) 子どもの状態から実践を考える 32
  (3) いつも行動を可視化する 33

2 協働力は「しかけて」「つなげて」「高め」よう 34
 1 失敗からの出直し 34
 2 学級づくりのイメージと考え 34
  (1) イメージは登山隊 34
  (2) 意図的・継続的な活動 36
 3 協働力を高める活動の実際 37
  (1) つながりの考え方やスキルを学ぶ活動 37
  (2) つながりと協働の体験活動 40
  (3) つながりを生かした課題解決の話し合い活動 44
 4 協働力を高める活動のポイント 45

3 協働力を育てることで「子どもが変わる」「クラスが変わる」 46
 1 学級づくりと協働力 46
  (1) 教師としてのターニングポイント 46
  (2) 協働力とは 48
 2 日々の活動で学級の協働力を高める 49
  (1) まずは「ペアトーク」で関係づくりを 49
  (2) エンジェルハートで親和的関係性の向上を図る 51
  (3) 「学級の強みを生かす」ことで協働力アップ 54
 3 協働力を育てるために 56
  ◆3つのステップで考える協働力育成 56

4 クラス会議の継続で協働力を育てる 58

1　協働力を支えるもの　58
　　2　協働力を育てる課題解決体験　59
　　　(1)　ある日のクラス会議に見えるもの　59
　　　(2)　クラス会議で協働体験　62
　　3　システム化し，継続する工夫を　68

⑤　ビジネスの世界から学ぶ協働の必要性　70
　　1　協働力は必要か？不必要か？　70
　　　(1)　ビジネスの世界での協働力　70
　　　(2)　教育の世界での協働力　71
　　2　協働力を高めるには⁉　74
　　　(1)　協働力を育む根っこの部分　74
　　　(2)　実際の授業例　76
　　　　◆句会を開こう（６年　国語　東京書籍）　76
　　　　◆３学期はすべて自分たちで（６年　特別活動）　79
　　3　これからを生きる子どもたちに　81

⑥　受容し合う仲間・受容される一人を育む
　　　―協働力を高めるための全体支援と個別支援―　82
　　1　協働力の素地は，子ども同士の受容し合う関係　82
　　　(1)　協働における受容し合う関係とは　82
　　　(2)　受容し合う仲間を育む　83
　　　(3)　受容される一人を育む　84
　　2　実践！協働力を高めるための全体支援と個別支援　86
　　　(1)　受容し合う仲間を育む　86
　　　(2)　受容される一人を育む　89
　　3　協働力を高めていく上で大切な子どもの見方　92
　　　(1)　結果・成果ではなくプロセスを大切にする　92
　　　(2)　全体支援と個別支援，２つに取り組む大切さ　92
　　　(3)　合理的配慮で実現する学級の協働力　93

⑦　学級における協働力の確かな構築まで　94
　　1　協働力の確かな構築までの心得　94
　　　(1)　現状をいち早く把握　94

(2)　子どもと向き合います　94
　　(3)　保護者同士の関係も重要　95
　2　中條学級での協働力を高めた具体的な活動例　96
　　(1)　なんでも・なんども・シェアタイム　96
　　(2)　ちょこっとありがとうカード　96
　　(3)　チームアドバイザー　98
　　(4)　拍手で，ソーレッ　99
　　(5)　学級全員がドッと笑える瞬間づくり　99
　　(6)　ミーティングタイム　100
　3　協働力育成の極意　102
　　(1)　全体で承認，個別に承認　102
　　(2)　同調圧力をかけすぎない　102
　　(3)　自由と放任―枠組みはどこにあるのか　103
　　(4)　行動と思い―常に子どもたちにとって見える化　103
　　(5)　協働力と孤独　104

8　学校生活に協働の場を増やす　106
　　―「課題解決体験ゲーム」と「学校行事・イベント」をリンク―
　1　忘れられない体験　106
　　(1)　きっかけは突然に　106
　　(2)　もう終わっちゃうの……さみしいな　106
　　(3)　3日の間で起こっていたこと　107
　2　協働力を高める　109
　　(1)　協働のよさを子どもたちに体験させる課題解決ゲーム【ジャグラーキャッチ】　110
　　(2)　課題解決体験に変身した学校行事【マラソン練習でチャレンジ！】　112
　3　協働力育成の極意　114

9　進むべき道を明らかにし，お互いのことを知り合うことで協働力は高まる！　116
　1　協働力を高めるための2つの要素　116
　2　共通の目標をもち，それを達成する活動を繰り返す　118
　　(1)　ミッション（具体的行動目標）　118
　　(2)　班のグランドルール　120
　　(3)　行事でめあてを共有する　121

3　お互いのことを知り合う活動　122
　　(1)　得意技発表会　122
　　(2)　毎朝の健康観察で　124
　　(3)　質問タイム　125
　　(4)　自己紹介質問ゲーム　125
　　(5)　ラッキー7　126
　4　協働力を高めるための極意　127

10　「協働するって，いいね！」
　　　みんなによる，みんなのためのクラスづくり　128

　1　「協働力を高める」には　128
　　(1)　クラスの様子から　128
　　(2)　「協働力を高める」には　129
　2　「協働力を高める」ひと工夫　131
　　(1)　歌を歌うとき　131
　　(2)　宿題や連絡帳などの提出物を出すとき　132
　　(3)　特別教室へ移動するとき　133
　　(4)　授業が始まるとき　134
　　(5)　給食を配膳するとき　135
　　(6)　掃除をするとき　136
　3　楽しく温かい雰囲気を大切に！　137

あとがき

第1章

協働力は
クラスの「実力」のバロメータ

協働力を高める
活動づくり　理論編

1 なぜ,協働力なのか

　これからの授業づくりの視点として,アクティブ・ラーニングという言葉が注目されています。アクティブ・ラーニングは当初は「主体的・協働的な学び」と説明されていました。アクティブ・ラーニングは耳慣れない言葉ですが,主体的な学びや協働的なそれと言われれば,そう新しい話でもないように思われます。わが国の子どもたちが,国際学力テストで高い成績を長年に渡って取り続けていることはよく知られたことです。しかし,同時に学習意欲の低さも指摘され続けてきました。だから,主体的な学習態度がクローズアップされるのはよくわかる気がします。しかし,もう一つの協働とは何なのでしょうか。

2 よいクラスとは

　よい授業をしている教師は,よい学級集団をつくっています。学級集団づくりを意識的に進めている教師と意識していない教師がいますから,ひょっとしたら,あなたのお隣にいる「授業名人」は,あなたが「どうして先生は,そんなにすごい授業ができるのですか」と尋ねたら,授業論を語るかもしれません。教材の分析や解釈,教え方の技術,発問,指示のつくり方を答えるかもしれません。しかし,それらがうまくいくのは,その教師の授業技術が素晴らしいのはもちろんですが,その教師がよい集団をつくっているという大前提があるからに他ならないのです。

　「そんなバカな」と思いますか。だったら,あなたのクラスで,その先生と同じ発問,同じ指示,同じ授業構成で授業をしてみてください。おそらく,同じようにはできないでしょう。それは,子どもたちが違うからです。名人たちは,自分の授業がうまくいくための最適な状態に子どもたちを育てているからです。

　名人たちは,よい授業をするためによい環境をつくり出すことに成功してい

るのです。そのよい環境の最も大きな要因を占めるのが子どもたち，つまり，集団の質です。それでは，よい集団とはどんな集団のことを言うのでしょうか。

「よい集団の条件」とは，いくつか挙げられるでしょうが，多くの教師が想定するのが「まとまりのある集団」ではないでしょうか。なぜならば，わが国の教育は，そのサイズは一律ではありませんが，集団教育のスタイルを採っているからです。一人の教師に対して，多数の子どもたちという構造の中で，授業が行われます。まとまりのあるクラスのほうが，まとまりのないクラスよりも授業がしやすいことは誰でも想像がつきます。

では，まとまりのあるクラスに育てられていて，まとまりのないクラスに育てられていないものは何でしょうか。それが，本書のテーマである協働力なのです。「仲がいいこと」と思った方もいるかもしれませんが，「仲がいいこと＝よいクラス」とは限りません。教師の立場からしてみれば，「仲がいいこと」は望ましいことではあるけど，不十分ではないでしょうか。「仲よし集団」と言うと必ずしもいいイメージでは捉えられません。しかし，「あのクラスは協力できる」と言ったらどうでしょう。悪いイメージをもつ教師はいないのではないでしょうか。

つまり，協働力は次のように言うことができます。

> **クラスの質の高さのバロメータ**

クラスの質の高さは，子どもたちに育てられている協働力の高さで決まってくると言っても過言ではないのです。

3 協働力とは

それでは，協働力とはどのような能力なのでしょうか。

広辞苑（第六版）によれば協働とは，「協力して働くこと」とあります。協働は，行動やなすべき行事に関心を向けた言葉であることがわかります。ただ，協力という言葉を調べてみると，「ある目的のために心を合わせて努力するこ

と」という意味がありますので，心情や態度も視野に入れられていると考えられます。

しかし，教師が一般的に「協力しよう」と言ったときに，心を合わせることはもちろんですが，具体的な行動を求めていることがほとんどでしょう。心を合わせるだけでも，仕事をするだけでも目的を達成したとは言えません。「協力して問題を解きましょう」とか「協力して掃除をしましょう」という場合です。これは，「問題を解くときに協働力を発揮しましょう」と言っているのであり，「清掃するときに協働しましょう」と言っているのです。教室においては，協力と協働は極めて似た言葉だと考えられます。

「協力することができる」ことを「協働力がある」と言っても，使用する場面においてはそう問題がなさそうです。先程の，「あのクラスは協力できる」と言ったときに，多くの場合それは「あのクラスは協働力がある」という意味だと考えていいでしょう。

そう考えてくると，

> 協働力は，伝統的に学校教育では大事にされてきた能力

だと言えます。なぜ，今，殊更に強調する必要があるのでしょうか。

 ## 4 生きる力としての協働力
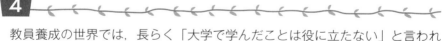

教員養成の世界では，長らく「大学で学んだことは役に立たない」と言われてきました。しかし，そうした認識は教員養成系の大学を出た人の圧倒的多数が「そういうものだ」と思っているのではないでしょうか。

> 教員養成は，教員免許を取るためのプロセスであり，教師としての実力は現場で叩き上げるようにして向上させればいいというのが常識だった

と思います。

しかし，こうした構造は教員養成の世界の話だけでなく，経済産業の分野で

も共通の認識だったようです。日本が高い国際競争力をもっていた時代は，ある意味余裕がありました。終身雇用と呼ばれる独自の雇用体系の中で，大学生活を謳歌してきた新人をじっくりと育てる時間がありました。

　私たちは，バブルの頃に学生時代を過ごしました。とにかく日本が元気でした。世界で売れている商品のほとんどは，「メイドインジャパン」でした。先輩たちは，かなりの好条件で一流企業からいくつもの内定をもらっていました。教師や公務員を進路として選択する者を「変わっている」と見る空気すらありました。それまで，小さい，安いが代名詞だった国産車の市場に，一千万円近い大型高級車が発売され，バンバン売れました。私たちが子どもの頃，スーパーカーと呼ばれ熱にうなされるような視線を集めた外国のスポーツカーが街中を普通に走るようになっていました。また，仕事をもたないはずの大学生が，クリスマスに店を借り切って派手なパーティーをするようなことも流行りました。今の若者たちには信じられない部分もあるでしょうね。

　ところが，時代は変わりました。「失われた10年」と呼ばれる構造的な先の見えない不況の中で，日本の国際競争力はどんどん低下しました。この時間に日本の企業は自信を失い，経済が元気をなくすと日本全体の活力が失われてきました。

　教員養成の世界では，現場が大変になってきて，即戦力の人材が求められるようになってきていますが，産業経済界はそれより一足も先にその必要性を感じていたようです。「失われた10年」は，若者をじっくり育てるという余裕を産業経済界から奪ったのです。

　即戦力を求めるようになった社会は，学校教育への期待にも変更を求めるようになりました。これまで学校教育は，知，徳，体の３つの方向性から人格の完成を目指して子どもたちを育ててきました。とは言うものの，現実は，「勉強のできる子どもたち」を育ててきたのではないでしょうか。誤解を恐れず言えば「学校エリート」の育成です。しかし，彼らは，社会人としては，即戦力ではなかったのです。

> 学校教育が、それまでせっせと育ててきた子どもたちが「勉強しかできないこと」に多くの人が気づいてしまった

のです。そこで、経済産業省が有識者を集めて研究会を立ち上げ、基礎学力と、職業知識や資格など専門知識に加えて、職場や地域社会で活躍をする上で必要になる第３の能力を定義しました。それが、社会人基礎力です。

これは、「前に踏み出す力」、「考え抜く力」、「チームで働く力」の３つの能力から構成されています[1]。「職場や地域社会で多様な人々と仕事をしていくために必要な基礎的な力」として、経済産業省の発信で2006年から提唱されるようになりました。企業や若者を取り巻く環境の変化により、「基礎学力」「専門知識」だけでは、それらを活用することが難しいという判断でしょう。それらをうまく活用していくための「社会人基礎力」を意識的に育成していくことが求められています。アクティブ・ラーニングもこうした要請からの発想ではないかと考えられます。

社会人基礎力の中にある３つ目の「チームで働く力」とは、「多様な人々とともに、目標に向けて協力する力」とされています[2]。これは、先程述べたように、まさに協働力だと捉えることができるでしょう。

5 幸せになる力

協働力の育成はまさに、社会からの要請であることがわかります。こうして見てくると、「国の懐事情が苦しくなってきたから、教育の在り方も変えなさい」と言っているように感じます。実際にそういう側面はありますが、これはただ、「お国のため」のご都合主義だとも言い切れないようです。

子どもたち一人ひとりの幸せを考えてみたいと思います。皆さんにとっての幸せとは何でしょうか。幸福とは、一般的に満ち足りていることです。満ち足りている状態を、私たちは「幸せ」と感じます。何で満たされるかは人それぞれでしょうが、それでもやはり最低ラインとも言うべき最大公約数的なものが

あるのではないでしょうか。

　総務省は，人の幸福度の指標として調査に基づき，「経済社会状態」「心身の健康」「関係性」の3つを挙げています[3]。幸せのために，健康が必要であることは多くの方が同意することでしょう。手紙の最後などに「健康をお祈りしています」などとしたためます。これは，万人の願いだからではないでしょうか。もちろん，健康を損なっても幸せを感じて生きている人がいることはわかります。しかし，一般論で言ったら，健康なほうが幸せを感じやすいと言っていいでしょう。

　一方で，私たちの美徳として，経済やお金のことを話題にすることを避けがちでありますが，現実的に収入がないとやはり幸せな生活は望めないでしょう。もちろん，幸せはお金では買えないものです。しかし，最低限，それよりちょっと上くらいの収入がないと生活していけません。仕事を得るためには，事業主が求める能力をある程度もち合わせていることが求められます。事業主が，チームで働く力即ち，協働力をもっていることを望むならば，それをもつことが収入を得るために必要なのです。

　また，ある程度の収入を得ていたとしても周囲との関係性が悪かったら，それはそれでまた，私たちの幸福度を下げることでしょう。皆さんはいかがですか。仕事を続けていれば，ある程度の収入はあります。しかし，職場の人間関係が悪かったら，とてもやりづらいのではないでしょうか。周囲と良好な関係にあるということも，幸せに生活するためにはかなり重要であることがわかります。

　教師の仕事を考えてみると，様々な関係性の中に身を置いていることがわかります。上司との関係，同僚との関係，子どもたちとの関係，保護者との関係などです。すべての人とうまくいったらそれはとても幸せなことです。しかし，現実はそうではありません。自分とは合わない人もいるはずです。そうしたときに，好きか嫌いかに基準を置いてしまうと，良好な関係を築ける人が少なくなってしまうこともあります。ここで，大事になってくるのがやはり協働力です。

> 好きでなくてもいい，協力できればいい

のです。

　協力できた場合，相手のよさを発見して，肯定的な感情をもつことができるかもしれません。そうしたら良好な関係性が広がり，したがって幸福感も増すわけです。協働力とは，幸せに生きる力そのものだとまでは言いませんが，その中核をなすとは言えるのです。

 ## 協働力を高める

　では，協働力を高めるにはどうしたらいいのでしょうか。詳しくは，実践編をお読みください。ここでは原則をお伝えします。取り組みに対してモチベーションを上げる基本は，

> 意味×方法

の積を高めることです。それに取り組む意味を知らせ，取り組む方法を伝えます（時には考えさせます）。やる意味を自覚し，それを実現するための見通しが立ったら，人は高い確率で取り組みます。

(1) **意味を語る**

　子どもたちは個別化した生活の中に身を置いています。だから，教師が中途半端に，また，片手間に「協力しよう」ということを伝えても，子どもたちにとっては，それはめんどうくさく意味のわからないことかもしれません。だから，教師が自分の人生観から出る言葉で伝えたらいいと思います。私は，学級集団づくりの早い段階で，次のように語ります。

> みなさん，力を合わせて物事に取り組めるクラスと取り組めないクラスはどちらがいいですか（普通のクラスでは子どもたちは前者を選びます）。先生は，

> この１年，皆さんにたくさん協力し合ってほしいと思っています。協力し合うのは，「よいクラスをつくりたい」という思いもありますが，それだけではありません。世の中は，協力できる人が幸せになれるようにできているからです。
>
> 　人は完璧な能力をもっていません。つまり，不完全なのです。それは，私たちが協力し合って補い合うように生まれてきているからです。世の中を見てみてください。どんな仕事も人とつながって成り立っています。野菜を売るのだって，ゲームを開発するのだって，会社を経営するのだってみんな大勢のスタッフと一緒にやり遂げているのです。
>
> 　皆さんの中には，人と協力するのが苦手な人もいることでしょう。いいんですよ。みんな得意不得意がありますから。でもね，ある心理学の実験で，生まれて間もない子どもたちが助け合うことが報告されています。つまり，私たちは生まれながらにして協力する力をもっているのです。だから，自分のやれることでまずは協力をしてみてください。

　これは，あくまでも私の語りです。だから，この通り追試しようなんて思わないでください。参考程度にとどめてください。

> **語りは本気がないと伝わりません。**

　私は，自分なりに少しだけ勉強してこうしたことを語れるようになりました。だから，皆さんも皆さんの本気を自分の言葉で伝えるようにしてみてください。

(2) 方法の効果を上げる

　協働力を高める具体的活動は，実践編をお読みください。優れた実践が多数紹介されています。しかし，それらをただ実施するだけでは，効果は薄いでしょう。それぞれの実践の効果を最大限引き出す方法としては，振り返りのサイクルを活用することです。振り返りの方法としては，コルブという研究者の経験学習サイクルをお薦めします。松尾睦氏は，コルブの経験学習サイクルを理解しやすくして次のように説明します[4]。

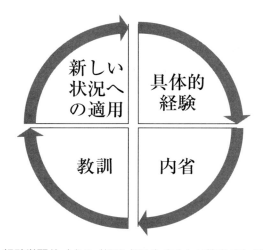

経験学習サイクル（松尾（2011）をもとに筆者が作成）

①「具体的経験」をした後，
②その内容を「内省（振り返り）し」
③そこから「教訓」を引き出して
④その教訓を「新しい状況に適用」する

ことで学びを蓄積していきます。

　本書における実践編の具体的活動は①です。実際にそこで協働的な活動をします。その後，子どもたちとそれを振り返ります。

　①うまくいったのか，うまくいかなかったのか
　②うまくいったのはなぜか
　③うまくいかなかったのはなぜか
　④次にやってみたいことは何か

　ここでどれだけ子どもたちに考えさせ，発言を引き出すかがポイントです。だから，ある程度時間の確保が必要となります。また，③で特定の誰かを責めるようなことをしてはダメです。ダメなところを指摘するのではなく，改善のポイントを挙げるのです。②，③から，次にみんなで取り組んでみたいことを決めます。具体的に取り組めるようなものにします。だから，「みんなで努力

する」のような抽象的なものはダメです。「みんなで声をかけ合う」とか「集合時間を守る」などの具体的な行動で示すようにします。この④の取り組みが次のサイクルの振り返りに出てくることが望ましいです。

　どんな活動でも振り返っていればいいものではありません。「具体的経験」の段階で，クラスの実態に合った課題が望ましいです。だから，追試をする場合にも，クラスの実態に合うようにアレンジしてください。また，「内省」の段階で，子どもたちのパフォーマンスを互いに言わせたり，子どもたちが見えていない部分の事実を指摘して，気づきを促します。「～のとき，こうだったねぇ」「～のとき，○○さんが～～していたね」などのようにです。そして，必ず，次のチャレンジの機会を用意することです。

　協働力はたった1回の実践で身につくはずがありません。継続的に取り組むことで，ジワリジワリと身につく能力なのです。

【参考文献】
(1) 経済産業省HP「社会人基礎力」，http://www.meti.go.jp/policy/kisoryoku/（2016年3月24日閲覧）
(2) 前掲(1)
(3) 内閣府，幸福度に関する研究会「幸福度に関する研究報告（案）」（2011年8月29日）
(4) 松尾　睦著『職場が生きる　人が育つ　「経験学習」入門』ダイヤモンド社，2011

（赤坂　真二）

第2章

子どもが変わる！クラスが変わる！協働力を高める活動づくり

協働力を高める活動づくり　実践編

1 協働力を高める活動づくり

1 子どもたちがつながる教室

2016年3月16日の卒業式の前日に子どもたちが企画し，クラスでお別れ会が開かれました。外でみんながやりたい遊びやスポーツを1時間行った後，教室に戻り有志の子どもたちのダンスの発表が始まりました。ダンスはとても上手で（この日に向け，しっかり練習してきたんだなあ）と感心しながら見ていました。

しかし，ダンスの終盤，リーダー格の2人が何だか揉めています。踊りながら，「ちゃんとしいやあ」「言ってた通りやってるやん」と。（あれ，どうしたんや？）と思っていると，曲が終わり，2人がケンカを始め，一人が泣いて廊下に飛び出していきました。3学期にクラスでケンカが起きたのはこれが初めてで，（えっ!?　卒業式前日に何してるん？）と思い，隣にいる男の子に「何でケンカしてんの？」と話しかけると，「いやあ，わかりません」と笑っていました。（何でケンカしてんのに笑ってんのや？）と腹を立てた瞬間，後ろから誰かに眼鏡をとられ，振り向こうとすると目隠しをつけられました。

「先生，何も聞かずについてきてくださいね」と子どもたちに手を引っ張られ，移動させられました。行き先は，音楽室。ピアノの音が聞こえてきます。椅子に座らされて，目隠しを取ってもらいました。子どもたちの満面の笑み。「どっきり大成功！」と言って，その後，先程ケンカするふりをして出て行った子のピアノ伴奏に合わせて歌をプレゼントしてくれました。完璧にどっきりにはめられ，驚きもありましたが，感動で涙を流しました。

このサプライズを実行する裏に，子どもたちがどんな話し合いをどのように

したのかを想像するだけで心が温かくなります。教師にわからないように，子どもたちだけで，演技を考え，流れを考え，歌を練習する。それをみんなで実行する。こんなふうに子どもたちがつながっていることがとても嬉しいなと感じました。

　歌の後，一人一言ずつクラスに対するメッセージを伝える時間がありました。そのとき，ある女の子が立って「みんな」と言った後，号泣しました。「私は，ずっと一人でした。みんなに嫌われてて。でも，クラスみんなが優しくしてくれて，今は学校がめっちゃ楽しくて。みんなとお別れするのがさみしいです」と話しました。ある子は，「私はみんなの前で泣けませんでした。泣いたら，弱いところを見られて，いじめられると思っていたからです。でも，今は泣けるようになりました。それは，何ていうか，みんなが優しくて，誰とでも話せるようになったからです。それで安心できたというか，自分らしくいていいんやって思いました。みんな，ありがとう」と話しました。

　もちろん，4月からこのような状況であったわけではありません。子どもたちは，時間をかけて，ぶつかり合い，話し合いを重ね，価値観を共有したり，協力することのよさを感じたりしながら協働できるようになっていきました。

　僕は友だちとの輪がとても広がったと思います。広がっただけでなく深まったと思います。5年生までは男女で一緒に何かするのは恥ずかしくて，格好悪いことと思っていました。でも，今は女子も仲間と思えるようになって，一緒に活動するのも当たり前になりました。
　最初は特定の人としか遊んだり，話したりしていなかったけど，一緒に遊んだり，授業の中で話し合ったりする機会があって自然にいろんな人と関わりが増えていきました。そういうふうに関わりが増えていったのは，先生やみんなのおかげです。ありがとうございます。　　　　　　　子どもの日記より

2 子ども同士のつながりを深める前に

　子どもがつながると言っても，今の時代は様々なことが多様になり，子ども同士が共通の話題や遊びを共有しにくくなっています。インターネットの普及により子どもが家に帰ってから見るものも違います。ある子はテレビでドラマを。ある子はYouTubeで昔のアニメを。習い事も野球やサッカー，水泳だけでなく，英語やダンスなど，様々なものがあります。こうして違うことを経験している子どもたちは，なかなかクラスメイトとの共通点も探しにくくなっていきます。それ故に，新学期，これまで仲のよかった子と関わりをもちますが，放っておくと新しい友だちとの関わりを自分からつくっていこうという子は少なくなります。実際，「いろんな子に話しかけてみたら？」と言うと「何をしゃべっていいかわからへん」「話が続かへん」と言う子も多くいます。そうなったとき，子どもは不安が増し，教室の中で一層，もともとの友だち関係を崩せないことがあります。先程紹介した子どもたちも同じでした。

　そうしたとき，まずは，教師自身が指導する場面を捉えられるかが重要になってきます。教室で指導できるチャンスを見逃してしまっていることはよくあります。例えば，今日のクラスの子の靴下の色までは誰も覚えていません。それはそこに意識がないからです。実際，そこに存在するけれども意識しなければ見過ごすことはたくさんあります。だから，子どもたちをしっかり見る目が大切です。

　そして，そこからどのような指導をするのか，どのようなことを話すのかが大事です。子どもたちは，自分なりの価値観をもっています。しかし，未学習や誤学習もあります。特に，前年度までに学級崩壊があった場合は尚更です。そうしたときに，丁寧に子どもたちと話し合い，現状をどう捉え，どのようなことを目標に取り組んでいきたいのか，子どもたちと共有していくことが必要です。

　次のページの学級通信をお読みください。

みんなで作るハッピークラス	6年1組 学級通信 第18号

自分らしくいても安心できる学級を目指して

　金曜日は学級目標に貼る用の足形をとりました。自分の好きな色を選択して，足形をとりました。しかし，同じ色に集まったのは，なぜだか，よく一緒にいるメンバー。これを見て，3時間目にそれぞれ感じたことを話し合いました。これは，今の6の1にとってよい課題だと思います。自分の思いを大切にできるということは，他人の思いも大切にできるということです。自分の思いを大切にしないということは，実は他人を大切にしていません。こんな場面を考えてみてください。

「何色にする？」
「えっ，○色にきまってるやん」
「そうやんな，○色やんな！」

　この会話を聞いた，仲のいい仲間はどんな動きをすると思いますか？
　この会話を聞いた，この色を選ぼうとした人はどんな動きをすると思いますか？
　実は，こうした確認行動も不安からきています。仲間がいないとこの空間では不安。これを崩すのは，やっぱり，関わりを増やすことですね。一人，一人の関係を深めることですね。

「何色にする？」
「えっ，○色」
「おおいいねえ。僕は△色やねん」

　こんな会話がいろんなところで広がるといいなあ。自分らしくいても全然平気。そこにいた人誰とでも安心して活動できる。そんなクラスがいいですね。

Aくん
　今日僕は足形をとったり，まが玉を作ったりしました。楽しかったです。僕は赤色の足形をとることにしたのですが，大体いつも遊んでいるメンバーになっていることに気がつきました。そして，金先生がそのことに対して話してくれました。クラス全員との関わりが浅いこと，いつも同じメンバーだけでくっついて，一人になることができないことを学びました。僕もよく遊んでいる友だちばかりといるので気をつけたいです。ちがう仲のよい友だちもたくさん作って遊ぶと楽しそうです。学級全体が明るくなると，毎日が楽しいと思います。
　「一人が全体に影響する」と金先生が言っていました。一人がムードをこわすとそっちに流れていく人もいるけど，逆に考えると，一人でも多くやる気のある人がいるクラス全体がそっちに流れることもあるので，やる気ある行動をするともっといい雰囲気のクラスになるのかな？と考えたりもします。

こんなところにも子どもの人間関係に関する不安が出てくるものです。不安だから，一緒のものを共有することによって信頼関係を深めようとします。これは，高学年になればなるほど顕著に出てきます。そんなとき，僕は以下のように話しています。

「すべての人とは仲よくなれないし，人と人とがわかり合えることも少ないと先生は思います。でも，温かい関係をつないでいくことや相手を理解しようと動くことはできると思うよ」
「決まった仲間とのつながりは大切にしてください。それを切り離したほうがいいとは思いません。でも，そのつながり以外にも教室の中につながりをつくっていきましょう。人だから，ケンカをすることがあります。ケンカというのは，時間を少し置く，場所を少し変えると解決することが多くあります。でも，つながりがなければ，時間を置いたり，場所を変えたりすることもできなくて，余計，ひどいケンカになることがあります。だから，ケンカをこじらせ，仲間を傷つけてしまうことが嫌なら，普段から他の人とのつながりをどんどん増やしていきましょう」

　こうした話をしただけで，変わればいいのですが，そんなことはありません。でも，どの方向に向かっていくとよいと思うか教師の価値観を伝えることは大切だと思います。
　ただ，伝えたらすぐに子どもの変化を期待するというのはよくありません。それは僕自身の悪い癖の一つでもあります。教師の価値観も一つの価値観であり，絶対ではありません。だから，すぐに変わってとは思わないようにしています。子ども自身が何度かこうした話を聞いたり取り組みをしたりする中で，いいなと思い，少しずつそっちの方向に向かうのを待てばよいのです。子どもがそう思ったときにそちらに向かいやすい環境を整えたり，取り組みをしたりするのが教師の役割です。
　人は身体の中に3匹のタイをかっています。「ほめられタイ」「認められタ

イ」「人の役に立ちタイ」です。最初に「ほめられタイ」「認められタイ」の2匹を満たせば「人の役に立ちタイ」が出てくると言われています。ここで注目したいのは「認められタイ」という言葉です。「ほめる」と「認める」はどのような違いがあるのでしょうか。一度，考えてみてほしいと思います。

　僕自身は，「認める」には，「変われないことやできないことを認めてほしい」という思いがあるのではないかと思っています。新しい何かにチャレンジして，できない自分に出会ってしまったり，がんばっている自分を周りから冷やかされてしまったりすることを，これまで多く経験してきた子どもたちがすぐに変われないのは当然です。しかし，教師は自分が「正しいこと」をしていると思い込み，強制してしまいます。すべての場面で強制が悪いとは僕は考えていませんが，一方で，こうした思いにさせている可能性があるということを心の中に留めておくようにしたいと思っています。

　子ども同士の信頼関係をつくり，つながりを深めていくためには，教師の在り方がとても大事になってきます。以前の僕は子どもが悩んでいるときに，すぐに介入していました。子どもの話もそこそこに聞き，自分が解決しようとしていました。しかし，そうして表面上は収めたものの余計関係をこじらせてしまうこともありました。うまくいったこともありましたが，それも長期的に見ると，自力解決できない子どもを育てていることになりますし，何より子どものためではなく，教師が安定したいという思いが強かったんだと思います。「教師のための指導」は最終的に子どもに見透かされ，子どもからの信頼を失っていくのではないでしょうか。

　今は，子どもに聞くようにしています。「先生にできることあるか？」「先生が入ったほうがよさそう？　自分たちだけのほうがよさそう？」。そんなふうに決定権を子どもに委ねています。もちろん，子どもだけで解決に向かって動こうと子どもが決めても，その後，どのようになっているのかは定期的に聞くようにしています。こうして，教師と子どもの関係を丁寧に紡ぎながら，子ども同士の仲が深まる取り組みをしていきます。

子ども同士のつながりを深める

　子どもたちがつながっていくときに大切なことは，以下の3つのことだと考えています。

> ・関わる回数が圧倒的に多い。
> ・よい関わり方をみんなで振り返ったり，話し合ったりする時間がある。
> ・関わり方に関する価値観を共有していく。

　この3つのことを大切にしながらどのような取り組みをしていくのかを，ここからは紹介したいと思います。

(1) みんな遊びの時間を設定する

　僕が，「教室で大事にしていることは何ですか？」と聞かれると，真っ先に「遊ぶことです」と答えます。遊びの中で，子どもたちはたくさんのことを共有できます。

　例えば，みんな遊びの中では，ドッジボールを行うこともあります。そのときには，ボール遊びが大好きで興奮気味にプレーする子もいれば，ボール遊びが大嫌いでコートの隅っこでイヤイヤ参加している子もいます。こうした場面を見て，子どもたち自ら自分の考えを表現できるようになればいいなと思いますが，最初はそれも難しいことがあります。ボール遊びが好きな子がクラスの中でのヒエラルキーの高い位置にいる場合は尚更です。そこで，僕自身は3つのことを意識して取り組んでいます。

　1つ目は，教師が毎回参加しないことです。僕自身が参加するときは，みんなが笑顔になるように動きます。ずっと外野になってしまっている子に声をかけて笑わせたり，わざと当てられて復活させてあげたりして，場の空気が温まるように動きます。自分が当てられても悔しがることなく，笑いながら「ナイ

スボール！」などと言いながら相手をほめます。
　参加しないときは，上から見ています。そうするとドッジボールが好きな子ほど自分のことばかりを考えたプレーが増え，場の空気が冷えていきます。さらにそうした空気は，お互いを罵り合う言葉を増えやすくするので，遊びが終わった後にあまりよくない空気になって帰ってきます。

　よい空気も悪い空気も経験すること。これが大事だと思っています。その中で比較したときに，何が違うのか。それはなぜなのかを考えられるのです。僕は，教室に問題が起こることは問題だとは考えていません。問題なのは，「問題を問題だと気づかないままにしていること」「問題を問題とわかっているのに取り上げないこと」「問題から何も学ばないこと」だと思います。
　子どもが子どもらしく生きていれば問題なんて山のように起こります。それで普通です。だから，教師はどんと構えていればいいと思います。

　２つ目は，相手の立場をいつも意識させることです。遊びから帰ってきたら，時々，子どもたちに問います。「ドッジボールが好きな人？　嫌いな人？」「おにごっこが好きな人？　嫌いな人？」と聞き，それぞれ挙手します。集団で何かをするときには，みんながみんなそれをしたくてやっているわけではありません。何人かはそれに合わせてくれています。子ども自身がその事実をまずは知ることが大切です。「そんなことを知らせなくてもわかっているでしょ？」と思う人もいるかもしれませんが，子どもは意外と気づいていません。見えていないのです。「楽しい遊びの裏には，みんなに合わせようと動いている人がいつもいるんやなあ。ありがたいことです。この人たちも楽しめるような工夫やルールを考えていけるといいな」と話します。これは，遊びの場面だけではありません。すべての場面で，その活動が好きだという人と嫌だという人がいるものです。そこに気がつき，自分たちでルールを設定していけるようになれば，子どもたち自ら動けるようになっていけると思っています。

３つ目は，みんなで活動すると
きに，何をすると活動がスムーズ
に楽しくなり，何をすると活動が
停滞し楽しくなくなるのかを考え
られるようにすることです。その
ために，みんなで遊ぶ前に，右の
図に各グループで書き込みをして

してほしいこと 言ってほしい言葉	してほしくないこと 言ってほしくない言葉

から遊びます。そして，遊びから帰ってきた後，書いたことが達成できたか，
それともできなかったかを話し合います。そのときには，以下のような流れで
話し合わせるようにします。
ⅰ　個人→２分
ⅱ　集団→５分（全員が１回発言した後，自由に話し合う）
ⅲ　集団→３分（次の遊びのときの目標）

　各班から出てきたⅲの内容は１枚の画用紙にまとめておいて，次に遊ぶとき
の目標にします。ここで，僕自身が子どもたちに話すことは，「頭でわかって
いることでも，できないことはいっぱいあって，それができないときに自信を
なくしてしまう。だから，自信をなくさせる『できてへんなあ』という言葉じ
ゃなくて，『一緒にがんばっていこな。いつかできるようになるよ』という言
葉が教室にあふれるといいなと思っています」という内容です。
　頭での理解と実際にできるということは違います。これは，大人も子どもも
同じです。できないことを認め合いながら，支え合いながら，ゆっくり変わっ
ていこうという安心感の中で人は変わっていけると思います。
　人との関わりが増えると，それに合わせて問題も同じだけ増えます。そうし
たときに子どもたちとゆっくり話し合いながら，進んでいければいいなと思っ
ています。次のページの学級通信はそうした話し合いの後に発行したものです。
何のために話し合うのかも子どもたちにはしっかりと考えてほしいと思ってい
ます。

日本一ハッピーになれる学級	5年1組 学級通信 第41号

もやもやを話し合う中で

　昨日のみんな遊びの後，2時間，話し合いました。タッチをされたのに，タッチされてないと言って逃げることがこれまで何度かあり，それに対し，みんなのもやもやがたまっていたからです。自分の気持ちをさらけ出し，よく話し合えたと思います。こうした話し合いを経験して，みんなはチームに，家族のようになっていきます。話し合いを聞いていて，先生が感じたことを今日は伝えます。

①厳しさという優しさ
　みんなは優しいというと温かい言葉を伝えることだと思っています。しかし，その人のことを思い，時には，あかんことはあかんと伝えることも優しさです。AくんやBさんが「仲間やから」という言葉を言っていました。仲間やからこそ，あかんことはあかんと伝えることが大切です。あかんことを伝えないから，どんどんエスカレートするのです。
②人は必ず変わることができる
　どんな人もその行動を取る理由があります。表面に見えることばかりではなく，その裏や過去を見ようとすることが大切です。表面では，やる気がなさそうに見えたり，同じことを何度も繰り返してしまう人だって，一瞬は本気で変わりたいと思っているでしょう。その一瞬の本気がいつか長く続く本気に変わるまで，何度も何度もあきらめずに関わっていくことが大切です。
③関わり方はいろいろ
　関わり方はいろいろです。どんどん話し合うことも関わる。時には，そっと見守ることも関わっています。今，どんな関わり方をすれば，相手は安心できるか？それを考えてみるといいですね。無視することはダメですが，それ以外は，その状況に合わせて変わると思います。
④一緒に伸びていく
　もやもやを伝え合い，話し合う，目的は何ですか？犯人探しや誰が正しくて，誰が間違ってるということではありません。みんながこの教室で，そして，未来でハッピーになるためにどうしていくとよいのかを考えるためです。話し合い，許し，変化を認め合い，共に伸びていくことが大切です。
⑤心の矢印の向ける方向
　相手が悪いとばかりもいけません。自分にも矢印を向けることです。自分がどうしていれば，こんなふうになっていなかったか。もやもやの原因を相手ばかりではなく，自分にも向けてみるといいですね。

　①から⑤について，先生自身もまだまだできないことがたくさんあります。34年生きてきても，そんなもんです。みんなはまだ11歳。いっぱい失敗して，昨日のように，もやもやが出たら，どんどん出して，みんなで解決していけばいいだけです。そうしたことを避けない心の強さもみんなが伸びていく中では必要です。そうする中でみんなはぐんぐん伸びていくからね。一緒にがんばっていきましょう!!

(2) 子どもの状態から実践を考える

　漫画喫茶という実践は毎年します。「明日の学活で漫画喫茶をやります。家から漫画でも，好きな本でもいいので3冊持ってきてください」と伝えます。次の日は，自分の持ってきた本を机の上に置き，みんなで読み合います。ただそれだけの取り組みです。共通の漫画をもとにこれまで関係が希薄だった子ども同士が関わるきっかけになればいいなと思って取り組んでいます。もちろん，教師が，子どもたちはどのようなことに興味をもっているのかもわかるきっかけにもなります。

　朝や授業のちょっとした時間に子どもが「共通点」を探せる話し合いをたくさん話し合うこともします。「見ているテレビ」「好きな芸能人」「習い事」「家族の話」などなど，できるだけたくさんの話題で話ができる時間を設けます。その中で，子どもたちが今，どのような関係かを見ていくのです。

　「紙トーク」という実践を紹介します。子どもに紙を配り，4つに折らせます。右上には，クラスで呼んでほしい名前，右下に好きな色，左上に好きな教科，左下によく見るテレビ番組を書かせます。それを持って自由に立ち歩き，いろんな子と紙に書いたことを使って，話をさせます。そのときに，子どもたちには，「今から5分間なので，できるだけいろんな子と関わってみてください。男同士，女同士だけでなく，とにかくいろんな人と取り組んでみてください。それでは，始めます」。

　教師はゲームには参加せず，端っこで子どもたちの様子を見ます。この言葉通り動ける子は何人いるのでしょうか。自分から積極的に動ける子，相手から話しかけてくれるのを待っている子，様々です。

　この取り組みは，紙に書くテーマを変えて，しばらく毎日続けます。その中で，見ることは大きく2つあります。

　1つ目は，2人の距離と向き合う角度です。2人の仲がまだあまり深まっていないときには，子どもが横並びになり，体重は外にかかっています。横並びになり，紙に目を落としていれば，相手と目が合うこともなく緊張度も低いで

す。それが慣れてくると，外向きにかかっていた体重が内向きになり，慣れてくればだんだんと相手に向き合って話ができるようになってきます。横向きの状態では，まだ人と関わることに抵抗を感じています。このようなときに，大きな声を出すような取り組みや一人で何かをするようなチャレンジングな取り組みをすると，その行動が子どもにとって「痛み」の経験となり，人との関わりを積極的に生み出そうとしなくなってしまいます。

　人との関係が結ばれてきた状態が多く見られたら，そうした取り組みもやっていっても大丈夫です。人と人とがつながっていくと，それは教室に温かいムードとして広がっていきます。「人と関わるのは痛みではなく，快楽」そう感じられるように取り組みを進めていきます。そのためには，今，子どもたちがどのような状態かをいつも観察し，どのような活動が今必要かを考え続ける必要があります。

(3) いつも行動を可視化する

　僕自身は，子どもたちが楽しそうに話している様子や活動している様子を写真に収めています。その写真はムービーショーにしたり，学級通信に掲載したりして，子どもが客観的に関係を捉えられるようにします。写真を掲載するときには，そのときの様子はもちろん，「こうしていろんな人と関われるのは，それぞれの心が成長し，いろんなものを受け入れられる器ができてきているからです」とそれぞれの変化や成長をできるだけ細かく伝えるようにしていきます。また，一人が成長する裏には，たくさんの人の支えや関わりがあることも事実です。

　子どもが無自覚的にしていることやこちらの誘導によって無意識にやっていること，気づいていないことの中で価値ある行動として価値づけるのも教師の重要な役割です。目立ちにくいものを光らせ，そこに目が向くようになったとき，それぞれのよさを知り，つながりがより深まると思います。

（金　大　竜）

2 協働力は「しかけて」「つなげて」「高め」よう

1 失敗からの出直し

　私は，初任から数年の中学校勤務の後，念願の小学校に異動しました。
　「よし！　算数も体育も自分で授業できる！　いいクラスをつくるぞ！」と喜び勇んだ気持ちを今でも覚えています。
　その喜びを情熱にし，私は学級の子どもたちのために全力で日々の実践に取り組みました。授業は内容としてはお粗末なものばかりでしたが，子どもたちを笑わせては楽しいと言わせていました。また，休み時間には汗だくになって子どもたちと遊びました。
　毎年受けもたせてもらった学級はまとまり，私は小学校の学級担任として何とかやっている気でいました。
　ところが，何年か経ったところであることに気づきます。私が受けもった子どもたちが，続けて次の学年の先生を困らせていたのです。同僚の先生には「あなたは毒があるから６年担任がいいね」とも言われました。
　私は，「子ども同士をつなぐ」「共通の目標に向かって協力し活動する力，協働力を育む」という当時決定的に欠けていた視点をもち，学級づくりをもう一度やり直し始めました。

2 学級づくりのイメージと考え

(1) イメージは登山隊

　では，協働力を高める学級づくりはどう進めていったらいいのでしょう。
　あなたが，語学でもスポーツでも新しいことを始めてモノにしようと考えた

としま す。さて，どのようなことをしていきますか。

　そのための時間を設けて知識を学び，練習し，使ってみたり，試してみたりを継続していくのではないでしょうか。

　協働力を高めることも同じように考えます。知識を学んだり練習したりする授業や活動を意図的・継続的に設定し，実践の場としての日常生活と結びつけていくのです。

　私は，この協働力を高めていく学級づくりに，最高峰と言われるようなそびえ立つ高い山の頂を目指す登山隊のイメージをもっています。

　山頂は登山隊の目的地，協働力を高めた学級の状態です。学級目標を達成した状態としてもいいでしょう。

　この目標の達成を共通のゴールとして，みんなでいつも見据えて目指していきます。

　登山隊はポイントポイントでテントを張りながら進みます。計画的にテントを張りながら山頂を目指しますが，そればかりでなく，悪天候や隊員の怪我など突発的なアクシデントによって張られることもあるでしょう。

　このテント一つ一つが協働力の育成の授業や活動です。協働力を身につける上で必要なスキルや考え方を習得したり，ゲームやワークをしたり，立ち止まって考えたり話し合ったりする学びの場です。学活や道徳科など，45分の授業で行う場合もありますし，朝の会や帰りの会，または教科の授業の導入場面で行う場合もあります。

　山登りの道中は，学んだことを生かしつつ登る実践の場，子どもたちの実際の生活場面です。テントでの学びと，この生活場面とを結びつけて価値づけをしたり，評価をしたり勇気づけていくことが担任の大切な役割です。

　山登りをしてはテントを張り，張っては登りを繰り返しながら山頂を目指すイメージで，ゴールを設定して共有し，協働力を高めるという軸をもって意図的な活動と日常を結びつけながら実践を重ねていくのです。

(2) 意図的・継続的な活動

　意図的・継続的に，また必要に応じて設置する山岳テントをイメージした協働力を育む授業や活動として，私は以下の3つの活動を考えています。

> ①　つながりの考え方やスキルを学ぶ活動
> ②　つながりと協働の体験活動
> ③　つながりを生かして課題を解決していく話し合い活動

　①　つながりの考え方やスキルを学ぶ活動

　つながりたくてもうまくいかない，協力して活動しようとして始めるのにトラブルになってしまう，そんな子どもの姿はありませんか。

　子どもたちは，他者とつながるためのコツを知らなかったり，スキルが不足していたり，誤った学習を重ねて一方的な思い込みをしていたりします。

　そのままの状態でチームづくりの活動を進めようとしてもトラブルが頻発してうまくいきません。場合によっては深く傷ついたり，人との関わりにネガティブな印象を強く抱いてしまう子どもが出るかもしれません。

　ですから，私たちは，子どもが他者とつながるためのコツや考え方を知らなかったら，教える必要があるのです。

　②　つながりと協働の体験活動

　水泳の4泳法を図解で丁寧に解説している本をじっくり読み，ポイントを理解しても，すぐにバタフライを上手に泳ぐことはできませんね。実際にプールに入って泳ぐ練習を重ねなくてはなりません。

　協働力を育むにも，体験と練習，つまり協働する場と体験の積み重ねが必要です。協働力の育成を軸として，他者と対等に関わり合う心地よさを味わうことや，同じ目標に向かって協力して課題を解決することの喜びを体験することなどをねらいに活動を選び，意図的にしかけていきます。

　学級で行うことのできるゲームやワーク，アクティビティに関する書籍が数多く出版されています。何のためにやるのか，この活動を通してどんなことを学んでほしいのか，ねらいを明確にして実施できるとよいでしょう。

また，給食や清掃，朝自習，帰りの準備などの日常的な活動も，目標を設定して全員でチャレンジすることで，つながりと協働の体験活動になります。子どもたちが協力せざるを得ない場を生み出します。
　③　つながりを生かした課題解決の話し合い活動
　知識やスキルを学び，練習によって身につけた力をさらに高めるには，その力を実際に使う，実践していくことが大切です。
　この活動は，自分たちの生活を自分たちで改善していくための話し合い活動です。仲間の困りごとにも全員で耳を傾け，解決方法を話し合います。
　リアルな生活改善の話し合いが，協働力を高めていきます。

3　協働力を高める活動の実際

(1)　つながりの考え方やスキルを学ぶ活動

　他者とよりよくつながり，協力し合って生きていく上での考え方や行動のコツを学ぶのがこの活動です。価値観やスキル，合い言葉などを共有することが，話し合いやアクティビティ，日常生活場面で生きてきます。機会を捉えてこの活動での学びを思い出させたり，共有した合い言葉で働きかけたり質問したりしながら，協働力を高めていきます。

活動例	内容
・言葉の力	教室に増やしたい言葉を体験を通して考える
・話の聞き方	嬉しい話の聞き方を体験を通して学ぶ
・ものの見方考え方	人の見方考え方はそれぞれであることを学ぶ
・傷つけない言い方	互いに気持ちよく過ごせる言い方を学ぶ
・責めない言い方	人を責めても解決にならないことを学ぶ
・さわやかな自己主張	自分の気持ちを表現する方法を学ぶ

　学級開きの翌週辺りから，およそ週1回のペースで計画し，学級や子どもたちの様子を見ながら実態に応じて実践しています。参考文献を挙げておきます[1],[2]。プランを立てて実践してみてください。

第2章　子どもが変わる！クラスが変わる！協働力を高める活動づくり

私が実践している活動の中で，特に子どもの反応とその後の影響が大きい「ものの見方・考え方の授業」を紹介します。

【ものの見方・考え方の授業】
　「違い」を許容できないことが，子ども同士の様々なトラブルにつながっています。自分の見方や感じ方，考え方が唯一の正解で，そうでないものはおかしいと思い込んでいる子どもも少なくありません。
　ものの見方・考え方はそれぞれ違っていることを体験を通して学びます。
　千葉県の渡邉尚久氏の実践[3]を参考に，毎年学年に応じた形にアレンジして実践しています。
　① テーマへの方向づけ
　他者の見方や独断で否定されて傷ついた経験を，振り返ったり共有したりして，この学びへの意識の方向をそろえます。
　「自分の意見や気に入りについて『変だ』とか『おかしい』『え〜!?』などと言われて，嫌な思いをしたことがある人はいませんか？」
　ペアでおしゃべりをする時間を設けてみましょう。一人ひとりのテーマへの距離がグッと縮まります。場の雰囲気も温かくなります。
　② だまし絵Ａを示す
　複数通りの見え方ができるだまし絵やトリックアートを提示します。
　「今からある資料を見せます。何かが見えたりわかったりしても，声を出さないでくださいね。では，この動物の食べものは何でしょう」

だまし絵Ａ

　この資料のインパクトが，この実践の力強さです。謎解きのような楽しさ，見えたときの驚きと喜びも子どもの意欲を高めてくれます。
　気をつけたいのは，提示した瞬間に見えた子どもがパッと言ってしまうこと

です。せっかくの力のある資料ですが，そんな声が上がってしまうと効果が半減してしまうので，見せる前に約束として確認しておくといいでしょう。

③ 見え方の違いを体験する

「では，発表してもらいます。魚。この動物の食べものは魚だと思う人，手を挙げてください。あれ，手を挙げていない人がいますね。何を食べるんですか？　人参。同じだと思う人は手を挙げてください。他にはいますか」

どこが耳でどこが鼻なのかという双方の見方を，代表の子どもに前に出て説明してもらいます。中には，説明されてもなかなかもう片方の見方ができない子どももいます。そんな反応をよく観察しておきましょう。

④ だまし絵Bでもう一度体験する

「もう1枚，今度は女性の絵です。何歳くらいに見えますか。20歳くらい。23歳。え，60歳80歳。では，若い女性が見えた人？　老婆が見えた人？」

だまし絵B

絵を2枚見せるのは，共有しようとしている「ものの見方や考え方は人それぞれ」という価値観への納得感を高めるためです。1枚目で同じように見えた友だちと，2枚目では違って見えたり，その逆が起きたりします。違うことを実感を伴って理解できるようになるのです。

また，一度絵から目をそらしても自分の見えやすい絵が見えてしまう体験から，一度身についた見方や考え方は強力であることを学ぶこともできます。

⑤ 学びを共有する

「アヒルにうさぎ，若い女性におばあさん，どの見方も間違っていないし，おかしくないよね。人の見方・考え方はそれぞれなんだね。それなのに私たちは，つい自分だけが正しいって思い込んでしまうところがある。学んだことを忘れずに，お互いの見方・考え方の違いを認めていきたいね」

「いろいろ見える絵がおもしろかった」で終わってしまっては残念です。こ

の活動を通して考えたこと，学んだことを発表し合って共有します。ペアで意見交換してから全体の発表へという流れもいいでしょう。
　子どもたちの発言や感想から，「ものの見方・考え方は人それぞれ」「みんな違っていて当たり前」といった言葉を取り上げて，学級内の合い言葉として，教室にポスターとして掲示したり，授業や生活場面で積極的に用いたりして，子どもたちの日常に浸透させていきます。

・「言った言わない」「叩いた叩いてない」というトラブルが起きたときに「あなたはそう見えたんだね」「あなたはそう感じたのね」と，それぞれの見方や感じ方であることを押さえながら言い分を聞き，気持ちを受け止めながら「どうしたい？」と解決に向かって話を進める。
・話し合いで一方が他方を非難したり批判したりする様子があったときにサッと合い言葉のポスターを指さしたり，「ものの見方・考え方は？」とひと声かけたりすることで気づかせる。

(2) つながりと協働の体験活動

　子どもの協働力を高めるには，子ども同士が実際に関わり合い，協働する体験を通して学ぶ必要があります。(1)「つながりの考え方やスキルを学ぶ活動」(p.37)での学びを同時進行で生かしながら，体験を通して学んだり協働の練習を行います。体験活動での学びや，活動の中で共有した価値ある言動を日常生活に結びつけて生かしていくことがポイントです。
　「輪をつくるときのように，困っている仲間がいたら声をかけられるといいよね」「誕生日チェーンでは，みんなで確かめ合ってたよね」「つながりアップを思い出してやろう」という具合に声をかけます。
　私は，様々なワークやアクティビティから，他者と対等に関わり合う心地よさを味わうことのできる活動，共通の目標に向かって協力して課題を解決したりすることの喜びを体験する活動を選び，取り混ぜて計画しています。

活動例	内容
①輪をつくる	椅子ですばやく静かにきれいな輪をつくる
②ネームトス	名前を呼びながら全員でパスをすばやく回す
③ありがとうみつけ	輪になって友だちに感謝したいことを発表する
④ライン・チェーンゲーム	お題に従って順番を考えた列や輪をつくる
⑤グルーピングゲーム	拍手の数やお題に従ってグループをつくる
⑥フラフープワーク	フラフープをくぐったりリレーしたりする
⑦つながりアップ	手をつないで床に座り一斉に立ち上がる
⑧バルーントローリー	間に風船を挟んだ列をつくって移動する

こちらも参考文献を挙げておきます[4], [5]。

つながりアップという活動を例に, ポイントを見ていきましょう。

【つながりアップ】

グループまたは全員の手がつながっていて, 足が触れ合っていて, おしりが床についた状態から, 全員が一斉に立ち上がるという活動です。広い場所があれば用意は特にありません。後ろへ倒れることへの配慮が必要です。心配であればマットの上で行うとよいでしょう。

① 地道にステップを踏んで

アクティビティやワークなどには, 身体接触を伴うものや, 率直に意見を出し合う場合があります。身体はもちろん, 心の安全性が確保されずに行うと, 逆効果になる場合もあります。発達段階も考慮しながら, 抵抗の低い小さな活動から徐々にステップを踏んで行っていくことが大事です。また, こうした活動に苦手さを感じる子どもの存在も意識しておきます。計時係や応援役など, 小さな参加も認めながらチャレンジを勇気づけていきましょう。

② 活動の目的を伝える

　こうした活動の時間に名前がついていて，目的が共通理解されていれば別ですが，そうでなければ，活動の目的を確認しておくことが大切です。

　「今日はつながりアップという活動をします。その名の通り，クラスのつながりをアップさせる，協力し合う力を高めるために行います」などと，何のために行う活動なのかを伝えてから始めましょう。

③ グループをつくる

　「せ～の，パン！（拍手）せ～の，パン！パン！（拍手拍手）集まれ！2人組ができたら座りましょう」

　グループづくりも決まった形で日常的に行っておくと，様々な活動に生かすことができます。上記のグルーピングは教師が「せ～の！」と言った後，子どもたちも一緒に1回拍手をします。次の「せ～の！」の後は拍手の回数を2回3回と増やしていき，拍手した回数の人数で集まるというものです。

　私はこうした活動の際，孤立する子はいないか，メンバー構成はどうか，周りに関心をもっているかなどを観察しておき，機会を捉えて「こんな様子が見られたよ」と投げかけます。そして，どんなクラスを目指したいのか，そのためにどうしていったらいいか話し合う場をもつようにしています。

　一方，孤立しがちな子に声をかけていたり，男女混ざったグループにしていたり，全体のために自分から移動したりする姿をその場で取り上げて認めるようにもしています。

④ 2人組，4人組，8人組でチャレンジ

　「2人組ができたね。相手と向き合って座って手をつないでください。つま先をくっつけてください。おしりを床にちゃんとつけて同時に立ち上がります。成功したら座って待っていてくださいね」

　2人組で成功したら4人組，8人組と人数を増やしてチャレンジします。子どもの質問には守らなければならない条件だけを繰り返し答えます。成功したグループにモデルをしてもらったり，コツを発表してもらいましょう。

　立ち上がれないグループが出るかもしれません。そんなときには「気にしな

くていいよ。8人組は練習だからね。次が本当のチャレンジです！」と元気づけて全体へのチャレンジに進みましょう。

⑤ 全員でチャレンジ

「次はいよいよ全員でチャレンジです！ルールを守ればどんな形でやってみてもOKです。時間は20分です。では，始めてください」

ルールと方法，時間という枠を設けたら，後は子どもたちに任せます。

仕事は残り時間とルールを繰り返し伝えること，作戦タイムを勧めるくらいです。ヒントは極力与えません。

子どもたちは毎年なかなか苦戦します。「せ～の！」と声をかけているものの近くのメンバーにしか届いていなかったり，「こうしてみたら？」というアイディアが全体に周知されなかったりと様々なことが起こります。行き詰まると，寝そべってしまう子どもが出たり，仲よしの子ども同士でふざけてしまったりということもあります。そうしたことをチャレンジ中の出来事としてよく観察しておき，振り返りの際に生かします。失敗から学ぶことがたくさんあります。

紹介した流れで行うと1時間では成功せず，改めて時間を設けることが多いです。チームでの成功体験や快の感情の共有などを第一にねらうのであれば，ヒントを与えて成功を支援するのもありだと思います。

ちなみにヒントは「2重の輪」「前後でずらしてつなぐ」です。

⑥ 振り返り

輪になってください。振り返りをしましょう。
① この活動の中での「ありがとうみつけ」をしましょう。（肯定的感情）
② どうして成功できたのでしょう。（成功の責任追及）
③ 次に成功に近づけるために気をつけたいことはありますか。（解決志向）
④ より早く成功できたとしたらどんなことができたでしょう。（解決志向）
⑤ 今回の学びで学級の生活に生かせることはないかな。（日常化・一般化）

活動と振り返りがセットになって，意味のあるつながりと協働の体験活動に

なります。たっぷり時間を確保したいところです。①〜⑤すべてを一度に振り返るわけではありません。活動の様子や結果に応じて，選択して投げかけます。せっかくの活動，「やらなきゃよかった」というネガティブな感情だけを残して終わるのは残念です。実はトラブルこそチャンス。振り返りと次のチャレンジで成長が期待できます。うまくいかなかったり，ギスギスした雰囲気で活動時間が終わってしまっても，①のありがとうみつけ（パスも認めて）や「その中でもよかったことある？」という問い，そして③⑤の「次に生かせること」を出し合えるとよいでしょう。

そして，教師の在り方が子どもたちに大きな影響を与えます。チャレンジを大いに認め，失敗もトラブルも温かく受け止められるといいですね。

(3) つながりを生かした課題解決の話し合い活動

自分たちの生活を自分たちで改善していくための話し合い活動です。仲間の困りごとにも全員で耳を傾け，解決方法を話し合います。協働力実践の場という位置づけです。

生活上の課題について話し合い，「解決策を打ち出す」「実行する」「振り返る」というサイクルを自分たちの手で回していくことによって協働力を高めていきます。

この活動として，私は子どもが輪になって話し合う「クラス会議」をお薦めします。以下のような流れで話し合いを行います。

① 輪になる
② 感謝したいこと，いいところの発表
③ 前回の解決策の振り返り
④ 議題の話し合い
⑤ 解決策の決定

詳しくは本書の他稿，また『赤坂版「クラス会議」完全マニュアル』[6]『いま「クラス会議」がすごい！』[7]などを参照してください。

4 協働力を高める活動のポイント

　私は苦い失敗から学び，子ども同士をつなぎ協働力を高めるという軸をもって，学級づくりに取り組んでいます。
　常に協働というアンテナを立てて，子どもたちに語り，子どもたちを観察して，望ましい行動や言葉を価値づけて勇気づけるようにしています。
　そして，本稿で紹介した登山隊のイメージをもって，協働力の育成をねらった授業や活動を組み，意図的にしかけて実践しています。活動を通した学びを，合い言葉やポスターなどを生かして日常生活の中に染み込ませていくこと，そして，実践を継続することが大事だと考えています。
　子どもたちをつなごう，協働力を育もうとする学級づくりは，うまくいくことばかりではありません。行きつ戻りつの道中です。でも，子どもたちの協働力を高めたい，幸せになってほしい，そうした願いを胸に，慌てず焦らずあきらめず，一歩一歩進んでいきましょう。

【参考文献】
(1) 赤坂真二著『"荒れ"への「予防」と「治療」のコツ』日本標準，2008
(2) 國分康孝監修『ソーシャルスキル教育で子どもが変わる　小学校』図書文化，1999
(3) 渡邉尚久著『７つの習慣　小学校実践記』キングベアー出版，2005
(4) プロジェクトアドベンチャージャパン著『プロジェクトアドベンチャー入門　グループの力を生かす　成長を支えるグループづくり』みくに出版，2005
(5) 國分康孝，國分久子・他著『構成的グループエンカウンター事典』図書文化，2004
(6) 赤坂真二著『赤坂版「クラス会議」完全マニュアル』ほんの森出版，2014
(7) 赤坂真二著『いま「クラス会議」がすごい！』学陽書房，2014

（生方　　直）

3 協働力を育てることで「子どもが変わる」「クラスが変わる」

1 学級づくりと協働力

(1) 教師としてのターニングポイント

「このクラスのメンバーで中学校でもやりたいな」

「来年も、クラス替えがなかったらいいのに」

そんな言葉を子どもから聞くたびに、今年もいいクラスをつくることができたなあと満足をしていた20代の自分。たしかに、教師の指導力の高さと学級の雰囲気のよさは互いが絡み合って螺旋的に向上していくこともあるでしょう。しかし、教師の指導力のみで引っぱっていこうとすると必ずどこかで無理が生じます。

Aさんは、朝なかなか起きられない子でした。不登校の傾向を低学年の頃から示していましたが、私が担任したことをきっかけに状況が好転すればいい……そう思っていました。

しかし、そうは思っていても、なかなかうまくいかないものです。教頭と私で入れ替わり立ち替わり何回も迎えに行く日々が始まりました。それで学校へ来ることができる日もあればできない日もありました。

なかなかうまくいかないことに、私は焦りました。何度か強い指導もしましたが、それがうまくいくことはありません。互いの信頼関係がそこにはなかったのですから、どんな指導をしても堂々巡りでした。

クラスの子どもたちは、Aさんをそれなりに受け入れていたと思います。しかし、あくまで「それなり」です。低学年の頃から朝は学校にいない、途中から学校へ来るというのが当たり前になっていたのですから。

クラスの子どもたちは，意欲的に様々なことをこなしていきました。しかし，それは担任である私の指導のもとと言えばぴったりなのかもしれません。担任の意を汲み動くことはできるけれど……そんなクラスにAさんは背を向けることで自分を守っていたのかもしれません。

　そんなAさんが変化を見せたのは6年生のときでした。次第にAさんの変容を耳にするようになりました。また，校内で笑顔のAさんを見る機会が増えました。それと同じ頃，Aさんに関わる仲間が増えていったということを感じました。

　そのときの担任はとにかく明るい方で，Aさんと子どもたちがつながるきっかけをたくさんつくっていたように感じました。Aさんのよさを認め，関わる仲間が増えたとき，Aさんは普通に登校することができるようになっていました。
　Aさんの変容はもちろん喜ばしいものですが，私の関わり方そのものがよくなかったのだと痛感させられた出来事でした。ちょうどその頃，担任する学級でも指導に迷いが出ていた頃で，「教師としての在り方そのものを見直す必要がある」と思いました。

　そこで出会ったのが，「アドラー心理学」と，「学級をチームにする」という意識です。極論かもしれませんが，それまでの私の学級づくりは，担任がぐいぐいと引っ張り，それに子どもたちがついてくる（ついてこさせられる）ということに過ぎなかったという認識に至ったのです。私にとってのターニングポイントでした。

> ① 子どもたちが，自分たちのことは自分たちで決めるという意志決定の力を育てること。
> ② 子どもが互いに関わり合いながら良好な関係性を構築し，課題を解決していけるようにしていくこと。

　常にこのことを意識するようになりました。これには協働力を高めていくと

いうこととも大きな関係があります。教師の指導力は必要です。しかし，それを押し通していくようではAさんのような子がいずれ出てきます。また，荒れの芽が気づかぬうちに出てくることもあります。そこを打破するには，やはり協働力を高めていくことを念頭に置かねばなりません。

(2) **協働力とは**

> 同じ目的のために，対等の立場で協力して共に働くこと

協働という言葉を調べると，このようなことが書かれています。協働「力」ということは，これを達成する力と考えることができます。これを，目の前の子どもたちに具体的な言葉で当てはめていくとどうなるでしょうか。私は次のように考えています。

> ○共通の目標や課題に向かって，協力し合えること
>   →みんなのために何かができる
> ○対等な立場で学級がつながっていること
>   →安心して仲間と関われる

個々が相互に作用し合いながら進んでいくということが大切になってくると考えます。先述のAさんが，学級の仲間とつながりをもったことで変わったように，最初はいかに教師が子ども同士つながるきっかけを与えていくかということがポイントになってきます。

しかし，担任をしていて「対等な立場」で子ども同士がつながっている状態ってなかなか厳しいと思いませんか。どうしても，子どもの中には力関係が存在します。

> ○子ども同士が互いを知り合う機会をたくさん設定する。
> ○自他肯定感を育てていく。

よって，この2点を意識します。そうすることで，学級の協働力が高まる土台をつくっていくことができます。

2 日々の活動で学級の協働力を高める

学級の協働力を高めていくには，「安心して自己表現ができる」ということが大前提であると私は考えます。それは，「対話できる関係性を学級内に根づかせる」というところから始まります。

(1) まずは「ペアトーク」で関係づくりを

授業の場面で，「隣の人と話してごらん」と投げかけることがあると思います。ところが，それがうまくいかないという経験をされた先生も多いのではないでしょうか。そこで，朝の会を使って，「ペアトークの時間」を設定します。

テーマに従って隣同士が話し合うということです。時間は2〜3分という設定から始め，話題も「昨日の夜，家に帰ってからしたことを伝え合おう」という簡単なことから始めます。

① 朝の会で行うペアトーク

朝の会で実施するタイプのペアトークのネタです[1]。

最近の話シリーズ
・興味をもっていること ・本 ・アニメ ・遊び
昨日の話シリーズ
・放課後の過ごし方 ・家でしたこと ・夕食ネタ
・家族のおもしろエピソード（家庭環境に配慮）
未来の話シリーズ
・夢や目標 ・行事でがんばりたいこと
・一度やってみたいこと

> 仲間シリーズ
> ・最近見つけた友だちのキラリ！　など

高学年であれば，これに時事問題などを加えてもおもしろいです。
また，子どもたちにはこのように伝えます。

> 話すことがなくなったら，同じことを繰り返し話してもOK

こうすることで，話を始めるときのハードルがぐっと下がります。沈黙している場面がほとんど見られなくなり，次第に時間いっぱい話せるペアが増えてきます。

また，この活動は授業でもどんどん取り入れていくとよいでしょう。このことによって，「自分の考えを伝えることができるようになった」という事実が積み重なっていきます。事実の積み重なりは，子どもにとって大きな自信となります。

② ペアトークで聞き方名人に

ペアトークには，安心して話すことができる関係性があることが前提です。ペアトークですから，どうしても「話す」ことに注目がいきがちですが，実は聞くことのほうが大切です。

なぜなら，「自分の話を相手が聞いてくれる」ということが，「安心して話せる」ということに間違いなく直結するからです。つまり，ペアトークを通して話し方の名人を育てるのは二の次で，聞き方名人を育てることが最優先です。

> まずは，学級全員が聞き方の名人になろう。

そうやって投げかけます。子どもたちに提示する聞き方の例として紹介するのは，"うめらいす"です（学級の実態に応じて決めましょう。わかりやすい合い言葉のようなものがあると，子どもたち

> う……うなずきながら（反応）
> め……目を見て（視線）
> ら……ラストまで（姿勢）
> い……一生懸命に（心）
> す……スマイルで（表情）
> 　　※（　）内は学級オリジナル

は大いに乗ってきます)。

1週間という短い期間であっても,少しずつ話すことができるようになってきます。そこで,次の指示を出します。

「今日はペアで話した友だちが,どんなことを話していたのか　前後の人で伝え合ってもらいます」

たったこれだけで,他者へ伝えるということが加わりハードルが上がります。しかし,このことによって,ただ聞いているところから「傾聴」というところに目が向きます。

ペアトークは,「いつでも」「どの場面でも」「誰とでも」できるようになることを重視します。しかし,無理に毎日ペアを替える必要はありません。同じ人と繰り返し話をすることで慣れてくる部分も子どもたちにはあるようです。

ただ,ゲーム的な要素を取り入れ,教室の中を自由に歩かせ,「ストップ!」と声がかかったときに近くの人とペアトークをするというような方法も行っていくといいでしょう。

(2) エンジェルハートで親和的関係性の向上を図る

ペアトークやクラス会議(クラス会議に関しては後述)などを行っていると,様々なメンバーで活動することは問題なくできるようになります。

例えば,高学年の女子に見られる閉鎖的な人間関係を変に引きずるということが少なくなったり,乱暴で排他的な行動を取っていた男子が,周りと関われるようになったりする姿を見てきました。

そこで,子ども同士の親和的関係性をさらに高めていく活動として,学級ではエンジェルハート(高知大学教育学部准教授である鹿嶋真弓先生の講演で拝聴した実践です。それをもとにして学級でも行っています)というアクティビティを行っています。

① エンジェルハートのやり方

> (ⅰ) 学級の名簿などを印刷した紙を切ってくじを作り，週の初めに子どもに引かせます。
> (ⅱ) くじを引いた相手のエンジェルになることを伝えます。
> (ⅲ) 週の終わりに振り返りをさせます。

(ⅱ)に関しては，いきなり言われても頭に「？」マークがつくかもしれませんね。私は，学級の子どもたちとこんなやりとりをしました。

「先生，最近嬉しいなあと思うことがあります。それは，一人ひとりがいろいろな人と関わりながら毎日過ごしているからです」
　先に「嬉しいことがある」と伝えることで，子どもたちは先生の話に興味をもちます。
「実は先生は考えていることがあります。それを聞いてもらえますか？」
「同じクラスで過ごしているけれど，"あまりこの人とは話したことないな"とか"あまりこの人の好きなことは知らないな"という人はいませんか？」
　そう問うと，うなずく子どもがいます。
「同じクラスだけど，あまりつながりの深くない人もいますよね。そのまま1年間を終えることもできますが，どう思いますか？」
　子どもたちは，こう言いました。
「それってあまりおもしろくない」
「それだと学級がチームになれていない感じがする」

　何か新しい実践を行うときは，子どもたちとその意図を丁寧に話すようにします。実際，子どもたちは「やってみたい！」と，かなり乗り気でした。

② エンジェルハートの心構え

○くじに書かれた名前の人のエンジェルになること（期間は1週間）。
○自分がエンジェルになった人が「ハッピー」になるようなことをしてみる。
○自分がエンジェルであることは明かさないこと。また誰がエンジェルかを詮索しないこと。
○1週間後にエンジェルであることを伝える（学級で一斉に行います。自然に感謝の言葉が出ていました）。
○振り返りをし、どんなことを自分はできたか（やろうとしたか），みんなで共有すること。

　子どもたちにはこれらのことを伝えました。そのスタートの1週間で，子どもたちはそれぞれさりげなく相手がハッピーになるようなことをしていたということが，振り返りのときにわかりました。

【子どもの振り返り】

エンジェルさん紹介！

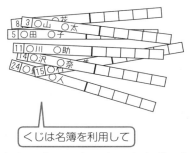

くじは名簿を利用して

○1週間○○君のエンジェルになって，何かできることはないかをずっと考えていました。
○誰かのために何かをすることっていいなあと思いました。私がエンジェルになったのは○○さんでした。縄跳びに行こうとさそうことができました。
○あまり話したことがない○○さんのエンジェルだったので，どうしようか考えました。あいさつを元気よくしました。

当然，何をすればいいか動き出せなかったという子が出てくることも考えられます。しかし，みんなでできたことや気持ちをシェアすることで，「こういうこともやっていいのだ」とか，「よし，次はそうやってみよう」と思うことができます。
　また，「自分たちは仲間に対してプラスの働きかけができるのだ」と思えるようになったことは，子ども同士の関係性を向上させることに間違いなくつながりました。

　エンジェルハートは，最初は長期休業を挟んで終わろうと思っていました。ところが，子どもたちからは「先生，エンジェルハートやらないの？」という声が上がったのです。
　「エンジェルハートがなくてもつながっていると思うけれど」ということを伝えましたが，「それでも楽しいし，誰かのためになるからやりたい」と子どもたちは言うのです。
　結果的に，卒業を迎えるぎりぎりまでやっていました。それくらい，子どもたちにとって大切な活動になっていきました。

(3)　「学級の強みを生かす」ことで協働力アップ
　学級では定期的にクラス会議を行っています。クラス会議は，赤坂真二先生の言葉を借りれば，「仲間の悩みを解決することやクラスの問題を克服することを通して，人と協力して生きるための，価値観や態度や方法を学ぶ」[(2)]ことにつながります。

　クラス会議を始めた頃は，クラスの問題点が議題で出されて話し合うことが多かったです。その結果として，「自分たちのクラスなのだから，自分たちの手でよくしていこう」という意識が育っていったのは間違いありません。
　しかし，エンジェルハートも始まり，子ども同士の関係性が次第に高まって

いくのに合わせるかのように，クラス会議に出される議題の量が減っていきました。議題ボックスに入れられる議題が0というときもありました。

子どもたちはクラス会議を通し様々な課題を解決します！

しかし，これはプラスのこととして捉えられました。なぜなら，議題に挙がる前に自分たちで解決したり折り合いをつけたりできるようになっていったからです。ただ，何かしら話し合うことを行っていきたいと考え，私から議題を提示するということもありました。

ただ，どうしても私の都合のいいように議題を出している感じがしたので，何か子どもたちから動いていけるような形にできないかと考えました。そして，次の考えに至りました。

協働力を高めるために，学級の強みを自覚させる

つまり，協働力をさらに高め，学級がチームとなっていくには，「子どもたちが関わり合って成長してきたことを価値づけながら，自分たちの強みを自覚させることが重要である」というところに行き着いたのです。

・あいさつや返事が学校で一番いい。
・男女関係なく誰とでもグループを組める。
・考動できる（学級では行動を「考動」として伝えています）。
・授業の反応がいい。話をしっかり聞いている。
・感想発表や音読などでみんなが手を挙げる。　など

子どもたちからは，これらのことが学級の強みとして出されました。この中で，個人のがんばりでできるものと，仲間とのつながりでできるものに分けて考えさせます。
　そして，個人でできるものは個人の目標として，仲間とのつながりでできるものはみんなで伸ばしていこうという形で目を向けていけるようにしました。合い言葉は，

> 今のプラスを，ダブルプラスに‼

です。

3 協働力を育てるために

◆3つのステップで考える協働力育成

　協働力は長い目で育てていく必要があると考えます。しかし，学級開きから協働力を高めていく取り組みは始まっていきます。教師と子どもの関係，子どもと子どもの関係，そこに安心感が生まれていることが絶対条件であると言えるでしょう。
　今回述べた3つの取り組みは，協働力を高めていくことに大きな力を発揮します。しかし，すぐに効果が出ることを求めて焦る必要はありません。

> ○1学期…日常的に取り組みを行っていく。【育成期】
> ○2学期…自分たちの強みを捉え伸ばしていく。【向上期】
> ○3学期…外の世界に目を向ける。【発展期】

　このようなイメージで捉えてみたらどうでしょうか。もちろん，発展期になったからといって，すべてがうまくいく，なんてことはありません。3学期でも，まだまだ基本的なことの押さえが必要になることもあります。
　しかし，この3ステップのように1年のイメージをもちながら活動を組んでいくことで，「ここは押さえどころだな」とか「ここは子どもに任せていこう」

というところが見えてくるようになります。

　特に発展期では,「学級での取り組み」から学年や学校でできることはないか,地域でできることはないかと目を向けてやることも大切です。今,担任している学級では,「スマイル増やそうプロジェクト」として,学校であいさつ運動を行いました。自分たちの強みである「あいさつのよさ」を学校全体へと広げようとしたのです。

　子どもたちは,他者と関わり合いながら協働力を高めていきますが,そうすることによって自分の周りへと目が向くようになっていきます。そんな子どもの育ちを共に喜べる,当たり前のことではありますが,実はとても大切なことだと感じています。

【引用・参考文献】
(1)　拙著『小学校国語　クラス全員が熱中する！　話す力・書く力をぐんぐん高めるレシピ50』明治図書,2014
(2)　赤坂真二著『赤坂版「クラス会議」バージョンアップガイド　みんなの思いがクラスをつくる！』ほんの森出版,2016
(3)　赤坂真二著『先生のためのアドラー心理学　勇気づけの学級づくり』ほんの森出版,2010

（弥延　浩史）

4 クラス会議の継続で協働力を育てる

1 協働力を支えるもの

　人は，一人で生きていくことはできません。社会に出た際，必要な一つに挙げられるのが，人と協働し，課題を解決する力ではないでしょうか。

　「課題」とは，ある問題を，自分や集団の中で，何とかしたい，解決したいと思ったときに初めて「課題」となります。周りは問題と思うことでも本人やその集団の誰もが特に何とかしたいと思わなければ，それは課題となり得ない場合もあるでしょう。

　私が勤務している地域は，米どころで有名です。３世代同居も多く，互いの人となりを知っており，祭りや地域行事における協働力の発揮が素晴らしいです。そんな環境の中で育つ子どもたちには，故郷を愛する気持ち，将来自分が育った地域のために自分ができることで力を出す，仲間のために協働力を発揮することができるようになってほしいと考えています。

　本稿では，学級における子ども同士の協働力について考えていきます。

　学級において子どもたちの協働力を高めるために必要なことは何でしょうか。

```
1　安心感のある関係性
2　対等性の自覚
3　みんな意識
```

　私は，これらの３つが必要であると考えます。

　まずは，集団における安心感のある関係性です。この仲間は話を聴いてくれる，だから話したい，話そうという気持ちになります。そのためには安心感という土壌が必要です。

2つ目は，そこにいるメンバーは対等であるということを自覚することです。子どもは幼い頃からの発言量や学力，運動のできるできないなど，ある一部の力によって物事の流れが決まる経験をしていることがあります。その意識を変えるため，構成するメンバーには誰もが対等であることを示す機会や対等であることを折に触れ伝え続けていくことにしています。
　話し合い活動で輪になることもその機会の一つです。
　3つ目はみんな意識があるかどうかです。みんな意識とは，他人事ではない，自分も関わっている，仲間が困っていることは一緒に考えるという当事者意識のことです。自分の居場所や役割があり，大事にされていて所属集団の一員であると実感することが当事者意識を生みます。
　そのような意識が，ある問題を課題と捉える目を育て，よりよい解決に向けて聴こう，意見を出そう，行動しようという動きにつながると考えます。

協働力を育てる課題解決体験

(1) ある日のクラス会議に見えるもの
　話し合いによる課題解決の場をシステム化したものに「クラス会議」があります[1],[2]。自分の所属集団をより楽しくしよう，自分の身の回りで起きる問題を解決しようとする思考を育てたいと思い，週に1回程度学級でクラス会議を実施しています。

> 　今日は，縄跳びやクラスのイベントのことで議題が解決できてうれしいです。でも，こんなに困っている人がいるのかとぼくはびっくりしました。ぼくも人のことに向き合っていきたいです。

　普段は少しおとなしく，言いたいことをみんなには言わないある男の子が，クラス会議の時間の最後に書いた振り返りです。
　このように，クラス会議を通して，人の悩みを一緒に解決することを繰り返すことで，人のことを自分事として捉えていこうという気持ちを育てます。

ある日の４年生のクラス会議です。議題を提案したのはＡさんです。次のように話しました。

> 　私とＢさんが昼休みに休んでいた分のテストをして会議室を出たら，Ｃさんが廊下で待っていたので「待っていてくれたの？」と言うと，Ｃさんが「Ａを待っていたんじゃない。Ｂちゃんを待っていたんだよ」と言ったので悲しかったです。

　私の学級の議題用紙は，困っている・アイディアがほしい・助けて・聞いてほしいといった，いくつかの選択肢があります。どうしたいのかに提案者が丸をつけるようになっています。最初は，みんなに聞いてほしいだけなのかなと思って聞いていました。
　司会の子が「まだ続いていますか。話し合いますか」とＡさんに確認しました。Ａさんは，次のように答えました。

> 　もうそのことはそれだけなんですが，このままだとこのクラスの追い出したい鬼（嫌な言葉を言わない）ができないと思うから……。みんなにこういうことがあったって知ってほしかったし，言わないようにしてほしいからみんなで話し合いたいです。

　Ａさんは，自分の仲のよい一人であるＣさんのことを議題に出しました。これは，学級のメンバーとある程度の関係性ができていなければ「話し合ってほしい」とみんなの前で提案できないことだと思います。
　また，今は続いていないその出来事をあえて公表した理由について，司会が途中でＡさんに確認していました。
　そして，司会のＤ君はみんなに次のように言いました。

> 　Ａさんは，他にもこのクラスで嫌なことを言われて悲しい思いをしている人がいるかもしれないから，みんなに考えてもらいたくて議題に出したそうです。

これを受け，私も次のように話しました。

> 今，司会のD君の話にもあったけれど，Aさんは，自分の問題はもうなくなったけれど，学級から嫌な思いをしている人をなくしたいという気持ちで提案してくれたんですね。これはAさんのことだから……と考えるのではなく，もしこういうことが学級で起きたら，自分だったらどうするかと考えて解決策を出してほしいです。

ある悩みを聞き，自分事として捉え，みんな意識をもって考えること，価値づけること，また，そのような気持ちを育てるところがクラス会議のよさです。

また，そうやって自分のことのように考えてくれる姿自体が提案者を勇気づけることにもつながるのです。

このときは，司会が「近くの人と相談してください」とペアトークを促し，その後，解決策を出しました。次のような解決策が出されました。

> 1　一緒に遊びについていく。
> 2　Cさんに用があるならその前に言う。
> 3　「何でそんなに強く言うの？」と理由を聞く。
> 4　「一緒に遊ばないよ」と言う。
> 5　「何でBさんを待っていたの？」と聞く。
> 6　「それは差別みたいだから言わないで」と言う。
> 7　Cさんの遊びに入れてもらう。
> 8　「自分が言われたらどんな気持ちがする？」と聞く。

賛成意見・心配意見を出し合った後，解決策を選びました。解決策には，6が選ばれました。最後の先生の話で次のように言いました。

> 選ばれたのは6だけど，Aさんは，これからこういうことがないようにと議題を出してくれたんだね。みんなが解決策を考えてくれて，学級のことをもっとよくしようとしているのがわかりました。もし，自分が悲しい思いをするこ

とがあったときは，みんなで決めた６の解決策だけじゃなくて，今出た中からできそうなことを試してみてほしいです。

(2) クラス会議で協働体験

クラス会議には，45分のロングバージョンと15分程度のショートバージョン[3]があります。私は主にロングバージョンで実施しています。理由は，後述します。主な流れと実施の際のひと工夫を紹介します。

① 輪になり対等性を保障する

なぜ輪になるのか。これは，構成するメンバーの対等性を保障するためです。輪，つまり円は，中心からの距離が等しくなっています。誰もが学級の大切な一員であること，誰の発言でも同じように大切にする
こと。そのために輪になって話し合うということを子どもたちに伝えます。

しかし，実践してみると，子どもの実態により椅子だけで輪になることが難しい場合もあります。普段と違う形になったことで興奮したり，私語がやまず，話が聞けなくなったりすることなどが起こることがあるのです。

何を大事にするかを実践者が押さえていることが最も大切です。私は，「どの子の意見も同じように大事である」「どの子も対等だ」という価値を伝える手段の一つとして，輪になって，互いの顔を見ながら話し合い聞き合うスタイルを採用しています。もし，方法が子どもの実態に合わなければ，椅子だけで輪になることにこだわらず，机をコの字型にし，対等であることを語ることもできると思います。

② 解決過程を共有する

クラス会議で大切なことの一つに「前回の解決策の振り返り」があります。

前回，選ばれた解決策を実施してみてどうだったか，今はどうなっているかを提案者に確認し，それを学級で，共有する形で振り返ることが大切であると

考えています。決めたことのその後を確かめることで改善策の有効性を確認し，次につなげることができるからです。

　この振り返りシステムは，ロングバージョンのクラス会議を支える大きな核と言えます。

　子どもは，議題として出された課題に対し，個人の議題の場合はその人が困っていることを何とかしたいと解決策を考え，学級の課題の場合は，よりよい学級にするためにはどうしたらよいかを考えます。

　解決策が決まり，よかったとホッとしてしまう様子が見られますが，その時点では，みんなで話し合い，解決方向を決めたというスタートにすぎません。

　もちろん，解決策を決めたことで当事者が気づいて変わり，事態がよい方向に向かうこともあります。しかし，解決策を実行したことでどうなったかに引き続き関心をはらうことも協働力の育成と言えるのではないでしょうか。

　なぜなら，協力して問題解決に当たることが協働であるとすれば，途中の振り返りは，解決までの道筋を共有することでもあるからです。そのためにも，解決

策が共有できるような工夫が必要です。解決策を掲示しておくのも一つの方法です（写真参照）。

　クラス会議の冒頭で，前回の解決策の振り返りを確認することは，どのくらい解決したのか，うまくいかなかったとすれば他にどんな方法が考えられるかを考える一つの指標とも言えます。

　③　**互いに勇気づけ合う，温かい関係をつくる**

　クラス会議の最初は，安心して意見を言える雰囲気をつくるために，「いい気分になったこと」「誰かに感謝したいこと」「誰かをほめたいこと」を言葉にして伝え合っています。

　議題の話し合いに時間がかかりそうな場合は，この活動を朝の会や別な時間に行うこともあります。また，人数が30名を超えると時間がかかることが予想されますので，4人組をつくり，その中で伝え合うという形の実施もできます。

話し合いをする前に温かい雰囲気をつくっておく，場を温め合うことができるかどうかが鍵となります。

④ 議題に出す

議題箱を設置し，困っていること，悩んでいることでみんなに相談したいことがあれば誰でも書けるシステムをつくっておきます。いざというときに相談できる場があるということは，子どもの支えになります。

出された議題は，前日までに学級運営係（学級委員長，副委員長，書記2名）と相談し，緊急度や日付順を参考に取り上げる順番を決めています。

提案者が議題にしてほしいことを読み上げます。司会が提案者に「話し合いますか」と尋ねます。「話し合いたいです」と言ったら話し合うというシステムにしています。

話し合ってほしいと思い議題箱に入れたものの，日が経つうちに困りごとが解決してなくなった，話し合う必要を感じなくなったということもあるからです。

しかし私の学級では，議題が一つもないということがありませんでした。直接は言えない友だち関係のトラブル，感情のもつれ，正義感からくるもの，困り感の内容は様々でしたが，議題を出したい子は常にいました。

このシステムが安定する前は，担任に訴えてくることが多々ありました。もちろん今もないわけではありませんが，ぐっと減りました。クラス会議を継続して実施したことで，頼る場ができたためではないかと思います。

議題に書かれたトラブルや感情のもつれを厄介だなと思うのではなく，思いに共感し，「みんなに相談してみようか」というスタンスで受け止めます。

議題提案者も，学級のみんなに聞いてもらいたいという気持ちを満たすことで，話すだけで少しホッとしたり，解決策をやってみようと勇気づけられたりします。

議題は，個人の悩み，学級全体に関することの両方が出されます。中学年では7対3くらいで個人の悩みが多く出ました。
　個人の悩みを聞き，みんなで解決策を考える，困っている人に助け舟を出せる，アイディアを出せる，話を聞き寄り添うという姿こそ協働力の発揮と言えるのではないでしょうか。

⑤　まずは数で勝負！解決策を出し合う

　ここではどれだけ各々の悩みに寄り添えるかが鍵です。まずは，出された課題に対し，自分なりの解決策を出します。
　このとき，どんな意見でも「否定する言い方をしない」「アイディアはまずはたくさん出ることが大切」という価値を繰り返し伝えます。そうすることで，「こんなことを言ってもダメかな」という気持ちを減らし，発言を勇気づけます。
　また，解決策を出した後は，賛成意見と心配意見を出し合います。心配意見とは反対意見のことです。どちらも「それをするとどうなるか」「どんなことが起きそうか」と結末を予測することから考えさせました。
　心配意見が出されることが多かったのですが，「理由もなく反対しているわけではないね。それだけ，それをするとどんなことになりそうかを真剣に考えて心配している証拠だね」と価値づける話をしました。
　4年生には，「心配意見を言う場合は，自分ならこうするといいと思うという代わりの意見も言えるといいね」と言い続けたところ，「イベント係全員が言うという意見が心配です。みんなでその人に言うと責めちゃうことになるかもしれないからです。僕は，一人で優しく言うほうがいいと思います」のように代案を示せる子が出てきました。
　小さなことですが，反対意見と言わず，心配意見という言い方にすることで，中学年の子にとっては，頭から否定されている気持ちになりにくく，論と人を分けるということがより伝わりやすかったと感じています。
　クラス会議を続けていくと，発言する子が偏ってきました。安心して発言できる雰囲気をつくりたいと思いつつ，全体の前ではどうしても発言を好まない

子や全員が輪番に発言することにすると時間が取られてしまうという課題もありました。

そこで，ある程度の発言量を保障するため，最初に班で相談し，拡散と収束をさせてから全体の場に出すことを行いました。4人班の話し合いではホワイトボードを活用し，班長が進行し，「メンバーのすべての意見を書くこと」としました。意見を聞くときは否定せず，「うなずきのあいうえお」を教え，奨励しました。

「うなずきのあいうえお」とは，意見を聞く際のリアクションをあいうえおで表したものです。

最初に取り出し練習をしたり，教科の授業中にペアトークをした際に教えたりしながら使えるように促しました。発言に対し，黙っているのではなく，何かしらリアクションをすることが相手への応援になるということを日頃から話しておきます。意見を出し合った後は，時間まで話し合い，班で一つの解決策に決め，全体共有の時間にはホワイトボードを黒板に貼りました。

| あ……あぁ |
| い……いいね |
| う……うんうん |
| え……ええっ！ |
| お……おおっ |

たとえ自分の解決策が選ばれなくても，自分の意見がホワイトボードに残ること，それが黒板にも貼られることで，話し合いに参加したということが残るのがホワイトボードのメリットです。

このようにして，どれだけその会に個人が参加しているかに注目しました。

一方で発言量を増やすことも大切にしながら，聞いている態度を見ていて後

でよい点をフィードバックしました。また，最後に書かせた振り返りの記述を打ち出して子どもに読んで聞かせることもしました。それぞれがどのように感じているのか，協働するということについて実感させたかったからです。

　意見を言う，話を聞き受け止めるなど，どのような形であれ，学級のメンバーの困り感に少しでも寄り添うこと，自分事として捉える経験を積ませていくことです。

⑥　解決策は子どもが選ぶ

　子どもが選んだ解決策に口を出すことはしません。とは言え，これがなかなか難しく，つい口を挟んでしまい，結果的に教師の価値の押しつけになってしまったという失敗経験もあります。

　子どもの成長の過程で子どもに委ねることは大切です。しかし，誰かを傷つけるような可能性のある場合や罰則のような解決策が出た場合，話がそれ始めて心配な場合は，決定する前に意見を述べることもあります。決定する前であることがポイントです。決めた後に教師の介入で覆るようだと，子どもは自分たちで決めることに価値を置かなくなります。

　解決策を選び決めるのは子どもたちです。自分たちで決めたことだからこそ，子どもは守ろうとします。たとえうまくいかなくても決まったことをやってみて，振り返り，必要なら次に話し合う機会にまた決めればいいのです。

　教師が本当にそう思えるようになったとき，子どもが主体的になり，自分事として考え始めます。

　大事なことは，自分たちで決める，それをやってみることです。実行して成功する体験や，次はどうするかを共有する過程に成長があると考えています。

3 システム化し，継続する工夫を

　中学年で2年間，クラス会議を実践してきました。クラス会議をして，自分が変わったと思うことについて，4年生の子たちは次のように書いています。

- 人の話を聞くようになった。
- 人の困っている気持ちがわかるようになってきて，助けてあげようと思うようになった。
- 人の気持ちを知って，我慢している人や悩んでいることがわかった。
- 恥ずかしがらずに意見が言えるようになった。
- 人がどう思っているのかがわかり，言葉に気をつけるようになった。

　次に，クラス会議をしてみんなが変わったと思うことについて，次のように書いています。

- いろんな人が意見を言うようになった。
- 会議のときは，話している人を見る人が多くなった。
- 知らんぷりをしないで意見をたくさん言っている。
- みんなで協力してタイムを計ったり，解決をしたりした。解決が早くなった。
- みんなが少しでもクラスをよくしようとしているのがいい。

　協働力を育てるためには，あの手この手があるのだと思います。けれど，これだけは！と思うことは，

| システム化し，継続すること |

　育てたい力のためにやろうと決めたことは，すぐに成果が表れることを期待するだけでなく，しばらく継続してみることです。これは，紹介した活動に限らず，どんな活動や方法にも共通して言えることです。
　現在，学校がしなければならないことは本当にたくさんあります。しかし，

時間の制約がある中でもこれはと思うことだけはシステム化し，しばらく継続してみることです。クラス会議は，軌道に乗るまでは毎週１時間確保していました。しかし，軌道に乗ってきたり，短縮時程が続いたりする時期などは２週に１回にする時期もあります。

　また，個人の議題が多い場合は，朝学習などの時間を使い，解決策を出し，検討はせず提案者が策を選ぶというショートバージョンで実施しました。形を変えてもとにかく，やめずに実施し続けました。

　その際，学級運営係と休み時間に集まって議題箱を確認し，話し合う順番を確認したり，提案者に「話し合う？」と聞いたりするように促しました。それが定着してくると，担任が声をかけなくてもクラス会議がある前日には議題箱を開けて，提案者に確認するようになっていきました。

　子どもたちの中に，話し合うと解決する，話し合うことでよくなる，すっきりするという気持ちが定着してくると，自分たちで動き始めていきます。

　課題を見つける目を育て，解決する過程を繰り返す，それをシステム化したものがクラス会議です。定期的な実施を継続することで，子ども自身が解決体験の過程を学んでいきます。課題を見つけ，みんなで解決した経験が協働であることを定期的に体感することで協働力を育てているのです。

【参考文献】
(1)　赤坂真二著『赤坂版「クラス会議」完全マニュアル』ほんの森出版，2014
(2)　赤坂真二著『赤坂版「クラス会議」バージョンアップガイド　みんなの思いがクラスをつくる！』ほんの森出版，2016
(3)　諸富祥彦監修　森重裕二・但馬淑夫著『はじめちゃおう！クラス会議　クラスが変わり，子どもが変わる。』明治図書，2013

（近藤　佳織）

5 ビジネスの世界から学ぶ協働の必要性

1 協働力は必要か？不必要か？

(1) ビジネスの世界での協働力

　アップル，トヨタ，スターバックス，京セラ，パナソニック，ピクサー，IDEO，タタ，シルク・ドゥ・ソレイユ……。

　世界をまたにかけ，イノベーションを起こし続け，世界中の人々に感動と熱狂を与え続けてきたこれらの企業。

　一体どのようにして，ここまでの企業になり得たのか？実はそこには２つ大きな共通点があったのです。

　① 社員・チームのメンバーがそれぞれの個性を生かし合いながら，具体的な目標に向かって突き進んでいる

　企業のカラーやリーダーシップのカラーは本当に様々ですが，目標に向かってぶれずに企業が一枚岩となって協力し合い，進み続けているのです。

　例えば，アップル。アップルのすごさとして『"りんご"の山分け』といった言葉があります。これは，App Store でプログラマーたちがつくったアプリを販売し，アップルはその売り上げの70％をプログラマーに配分していたことから生まれた言葉なのです。

　ここから，一発大逆転大もうけをしようと考えるプログラマーが多く出てきました。その一方で，いかに消費者のニーズを満たせるアプリをつくれるかといった大きな具体的な目標も生まれ，その結果，多種多様なアプリがつくり出され，アップルの爆発的な成長へとつながっていったのです。

　② 企業への帰属意識が高い

　京セラの創業者の稲森和夫氏，パナソニックの創業者の松下幸之助氏，スタ

ーバックスCEOのハワード・シュルツ氏など，大企業を引っ張っていく人物の行動や言葉は，社員の心を震わせ，社員に成長を実感させ，この企業で働いてよかったと思わせる力をもっています。

　彼らの行動や言葉には，この企業ではどんな目的を達成していくのかといったことが非常に明確に，かつ，エキサイティングに示されているのです。さらに，その目的を達成するために「誰が」「何を」しなければならないのかも明確に示されているので，働くほうも何をすべきかが明確にわかります。

　その結果，個々が成長し，強力なチームができ，その集合体としての企業も大きな力を発揮することは明らかでしょう。

　つまり，ビジネスの世界では，何か成果を出すためには，

> ・社員，チームのメンバーがそれぞれの個性を生かし合いながら具体的な目標に向かって突き進んでいる。
> ・企業の帰属意識が高い。

この2つが非常に大切なのです。

(2) 教育の世界での協働力

　「ビジネスの世界での話はよくわかった。でも，教育の世界で協働力が果たして本当に必要なのか？」

　こういった声が聞こえてきそうです。

　私は個々に課題がある子どもたちが多く在籍する学級を担任することが多く，一斉授業の難しさを常々感じていました。子どもたちの学力格差が非常に大きく，なかなか落ち着くことのできない子どもたちが多い状況下で，一体どうすれば子どもたちが意欲的に学ぶようになり，学力が上がるのか。

　学力の低い子どもたちに照準を合わせて授業をすると，授業のテンポが遅くなり，学力の高い子どもたちが退屈に感じてしまう。一方で授業のテンポを速くしたり，少し授業の中身を難しくしたりすると途端に学力の低い子どもたちの集中力が切れ，私語が増えてしまう。一体どうすればいいのか。もちろん，

そうなってしまう理由には私自身の一斉授業の腕のなさもあるでしょう。教師としての経験も浅かった私には打つ手がありませんでした。そこで有効だったのが協働学習だったのです。

① 協働学習を行うことのメリット

元来，子どもたちは静かにすることが苦手なものです。落ち着きのない学級を担任するとその傾向はさらに顕著で，教師は一斉授業を成り立たせようと，子どもたちを静かにさせることに躍起になってしまいます。しかし，なかなか静かにしてくれません。

そこで，教師はその場をどうにかしなければと力で押さえつけようとします。無事，子どもたちを力で押し切れたように見えても，実は落ち着いたふりをしてくれているだけなのです。その結果，子どもたちは少しずつ無気力・無関心になっていき，学級が目に見えない形で静かに崩れていきます。逆に，力で子どもたちを押し切ることができなければ，教師の権威が失墜し，無秩序・無政府状態となり，学級が騒乱状態に陥ってしまい，先程とは対極に，学級が目に見えて騒がしくなり崩れていきます。

では，学級が崩れないようにするためにはどうすればいいのでしょうか？そのときは思い切って，子どもたちの騒がしさ，落ち着きのないことを逆手に取った授業づくりをすることが実は有効なのです。

つまり，静かにさせるべきだといった教育観を180度転換させ，子どもたち同士で学び合わせる時間を取るのです。そうすることで，落ち着きのない子どもたちを叱る回数が減り，子どもたちも学習に対してのやらされている感が軽減され，前向きに取り組む姿勢も見られるようになります。

また，協働学習を行うことで，人との関わり方を学ぶことができ，学級内での友だち同士の横のつながりを紡ぐこともできるのです。

それだけではありません。子どもたちの個々の学びのニーズを充足させることも可能になるのです。子どもたちの学力が均一になるといったことは絶対にあり得ません。つまり，子どもたちの学習のニーズも千差万別なのです。教師の一斉授業だけでは，どうしても子どもたちの学びのニーズを満たすことが難

しくなります。

　だからこそ教師だけの一方通行的な指導に加え，子どもたち同士の協働学習をプラスさせることで，子どもたちの個々の学びのニーズをより充足させられるのです。

② 受動的態度から能動的態度へ

　ここまで学級経営の中での協働学習の利点をたくさん述べてきました。

　実は協働学習で，これからの21世紀型社会を生きていく上で最も大切な力を育むこともできるのです。

　それは，「自ら主体的に課題を見つけ，解決していく力」です。

　これからを生きていく子どもたちは，グローバル社会の波に呑まれていくことは誰の目にも明らかです。そういった社会では，競争至上主義でいかに生き残っていけるか，弱肉強食の世界が待っているのです。

　以前のように，大企業に勤めれば一生安泰だということはもはや過去のことであることは，シャープの買収問題や大企業が軒並み赤字に転落していることからもわかるでしょう。

　さらに，インターネットの普及で後進国の人々が先進国の人々と同レベルの知識をもち，安価な人件費で先進国に職を求めてきています。日本も例外ではありません。そのような状況下になってきていて，指をただくわえてチャンスを待っている人にチャンスが回ってくるはずがないのです。

　今までのような受動的な態度ではなく，自ら課題を見つけ，解決していける能動的な態度を身につけなければいけないのです。

　だからこそ，教育の世界も，協働学習を軸に学級経営や授業を行っていかなければならないのです。

2 協働力を高めるには!?

(1) 協働力を育む根っこの部分

ビジネスの世界では，何か成果を出すためには，

> ・克己心……自らの弱い心に打ち勝つ。
> ・利他愛……他人を愛し，自分自身も愛する。
> ・創造性……それぞれの個性を生かし，創造力を育てる。

私自身の1年間の学級経営のGOALイメージとして，この3つの力の育成を考えています。それはこの3つの力を伸ばすことが，日本的な思いやりの心，和の心をもち，かつ，21世紀型の生きる力を伸ばすことにつながると考えているからです。

4月からの生徒指導，教科指導，ありとあらゆる指導をこのGOALイメージに結びつけていくのです。そのためには，具体的に子どもたちの行為像をたくさんイメージしておく必要性があります。その一方で少し，ファジーにしておくことも必要なのです。

教員採用試験や就職活動の面接試験を思い出してください。聞かれたことに対しての受け答えを細かくイメージトレーニングをしたはずです。しかし，それに固執しすぎると，考えもしなかった突然の事態，不意の質問をされたとき，アドリブがきかなくなり，その結果，面接がうまくいかないといったことが起きてしまうのです。学級経営もそれに似ているところが往々にしてあるのです。

このことに気をつけながら，学級開き，道徳の時間や隙間時間，何か問題が起きたとき，子どもたち同士で揉めたとき，ことがうまく進んだとき，授業などあるとあらゆる場面で4月から「克己心」「利他愛」「創造性」の大切さを繰り返し伝えながら，子どもたち自身でどうしたらよかったのかを徹底的に考えさせます。教師が教え込むのではなく，必ず，子ども自身で考えさせなければなりません。

こうしていくことで，子どもたちは少しずつですが主体的に自身を鍛えるようになり，友だちの個性を生かし合いながら共に学び合い，行動するようになっていきます。これが私の考える協働学習の根っこの部分です。

　私は学級のシステムづくりは子ども主体でありながら，まず教師主導で行うべきだと考えています。それは，きちんとしたルールの上に安全，安心は担保され，生き生きと活動できるものだと考えているからです。

　子どもたちに漠然と目標を伝えるのではなく，3月にはどうあるべきかの具体的な行為像をイメージさせ，問題が起きれば，どうすべきだったのかを子どもたち自身で常に考えさせることが大切なのです。

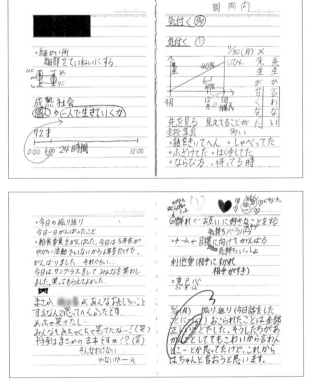

伝えたことは振り返りノートにメモをさせています

(2) **実際の授業例**

◆句会を開こう（6年　国語　東京書籍）

授業の展開	協働力を高めるポイント
（1時間目） T：では，今日から　新しい単元"句会を開こう"に入りますね。 T：もう，3学期。今回は先生が前で説明するのは授業始まりのイントロダクションだけで，あとはみんなで進めていってもらいたいと思います。 T：今日は俳句のテクニックについて勉強しますね。みんなは俳句のどんなテクニックを知ってる？ ・子どもたちから順番に様々なテクニックが出されてきます。 　それを順番に丁寧に教えていきます。 T：みんなすごいなー！こんなに俳句のテクニックを知ってる学級に出会ったことないわー！　じゃあ，今回どんな勉強していくか教えるね！	・本時の進め方とGOALを伝える。 ・勉強が苦手な子には事前にテクニックを伝えておく。 ・すべてを協働学習にせず，教え込みするところはきちんと教え込みをする。

プリントを配布する

句会を開こう！
君も今日から松尾芭蕉だぁ！！
名前（　　　　　　）

	授業のタイトル	キーワード	自己評価
1時間目	俳句のテクニックを学ぼう！	擬態語　擬音語 擬人法　隠喩 季語　切れ字 体言止め	
2時間目	俳句を作って、君も松尾芭蕉だ！	五七五　季語 俳句のテクニック	
3時間目	俳句大会の審査員は君だ！！	俳句の審査 俳句のテクニック 五七五	
4時間目	最優秀賞の栄冠は一体誰の手に！？	討論 俳句のテクニック 五七五	

・目に見える形で授業の内容，その授業で学ぶ大切なキーワードを示し，授業の見通しを立たせる。

・プリントはノートに貼らせ，授業ごとに自己評価をさせる。

・プリントを配布後，この授業の大まかな流れと評価基準を伝える。

・きちんと目に見える形で授業の大まかな流れとGOALが示されることで，子どもたちも安心して学び合うことができる。

・1時間目に学んだ俳句のテクニックをきちんと学べているかを確認するミニテストを行っていく。
　とにかく協働学習が成功するかどうかは，導入にかかっている。
　2時間目以降はこのプリント通りに子どもたちが進めていく。
　もちろん，イントロダクションは必ず行って，確認テストが必要ならば，授業の終わりに確認テストをする。

・やらせっぱなしではなく，必ずどれだけ理解したかを細かく把握し，フォローを入れていく。

・子どもたちが授業の進行を行っていくには，1学期から「教師の授業の進め方」をできるだけルーティン化し，かつ，わかりやすく具体的に子どもたちに示し，理解させ，仕事を振っていくことが大切である。

【2時間目以降の大まかな流れ】

（2時間目）
・まず，一人で俳句をつくる。
・友だちの俳句をそれぞれ立ち歩いて見に行く。
・友だちのよかったところを参考にして，もう一度自分一人で俳句をつくる。

（3時間目）
・それぞれがつくった一番のお気に入り俳句を短冊画用紙に書き，黒板に貼り，審査をして，投票を行う。上位5作品が最優秀賞候補に！

（4時間目）
・上位5作品の中から一つ，最優秀賞を選ばせ，それぞれの立場で討論を行う。討論後，投票して最優秀賞を決める。
・最優秀賞に選ばれた子は6－1の松尾芭蕉として表彰する。

友だちの俳句をチェック！

友だちの俳句を審査中!!

・子どもたちが克己心，利他愛，創造性，この3つをきちんと意識できているかを確認しておく。
・集中しているか？（克己心）
・友だちと協力し合っているか？（利他愛）
・友だちの俳句を見て，自身の創造性が触発されているか？（創造性）
など

◆3学期はすべて自分たちで（6年　特別活動）

授業の展開	協働力を高めるポイント
T：ついに3学期。ずっと，言い続けてるけど，このクラスは誰のものですか？ C：僕たち!! T：だから，最終的には給食当番も掃除当番も席替えも授業もみんなでやってほしいなと先生は考えています。そこで，今日は自由に席替えをしてもらいたいと思います。 C：やったぁ——!! T：ただし……。 C：ただし……？ T：どんなことに気をつけなければいけませんか？ 〔相談タイム3分〕 C1：一人もさみしい思いをさせない。 C2：しゃべらない。友だちの勉強の邪魔をしない。 C3：好きな者同士，隣にならない。 C4：好きな者になっても，しゃべらへんかったらいいやん……。	・先生の役割は，1学期はクラスという車の運転手，2学期は助手席，3学期は後部座席に座っている人といった形で伝えると，子どもたちのイメージがわきやすい。 ・教師からトップダウンで伝えるのではなく，子どもたち自身で考えさせたほうが意欲的に動く。 ・友だちの思いを汲んで，意見のすり合わせができるか，納得解を出せるか。クリエイティブな席替えの方法を考えられるか。4月から大切にしてきた「克己心」「利他愛」「創造性」をもとに授業を組み立て，評価をする。

と，子どもたちが白熱してきます。

T：ストップ！

それでは，今から自分たちで自由に席替えをしてください。時間は1時間。それでも決められなかったら先生が決めますね。

では，よーい，スタート！

自由席替えの様子

・中にはなかなか話し合いに参加することが難しい子どももいる。
　そのときは声をかけてあげているかどうかを確認する。誰も声をかけていなければさりげなくフォローを入れる。

・あえて一人で考えることも認めている。ただし，場の雰囲気をこわすような言動だけは許さないと伝える。

・振り返りから出てきた課題を，次回からどのようにクリアすればよいのかを考えさせる。また，よかった点もみんなにフィードバックさせ，今後さらに生かせるようにさせる。

・席替えが終わった後，「自由席替えをしてみて」というテーマで振り返りをする。

3 これからを生きる子どもたちに

「あの学級,子どもたちが静かに先生の話を聞いていて素晴らしい!」
「あの学級,子どもたちが騒がしい。学級が少し崩れてきてるな……」
こんな会話をどの先生も一度は耳にしたことがあるでしょう。
果たして,本当にこの会話通りなんでしょうか?
授業は静かに受けさせるべきであり,授業と言えば一斉授業でなければならないといった考えがまだまだ主流なのですが,実はそうではありません。
静かにしていても無気力・無関心型の学級崩壊の可能性があり,騒がしくても,主体的に子どもたち同士で学び合っていて,その結果,騒がしくなっている可能性だってあるからです。
一斉授業のように教え込むことはもちろん必要です。
例えば,話し合い活動やペア活動すらもなかなか成り立たない状況では,まず一斉授業を中心にしながらも,友だちと学び合うことに一体どんな意義があるのかを伝えながら進めていかなければならないからです。
子どもたちに「このクラスにいてもいいんだ」「みんなのおかげで伸びた」といったことを感じさせないといけないのです。
どんな分野であれ,何か成果を出しているチームは例外なく協働力が高く,今述べたようなことをメンバーが感じているのです。これからますます混迷していくであろう日本社会を生き抜いていくためにも,子どもたち同士,大人になっても互いに助け合えるよう,子どもたちに協働力を高めさせていくことを教師はもっと意識しなければならないのです。

【参考文献】
・ジェームス・クィグリー,メルダッド・バグハイ,近藤 聡,木村伸幸『As One individual action collective power 目標に向かって1つになる』プレジデント社,2011

(小野 領一)

6 受容し合う仲間・受容される一人を育む
―協働力を高めるための全体支援と個別支援―

　クラスで協働力を高めていく中で，様々な子ども同士の関わりがあります。その関わりを思いやりあるものにしていくためには，教師が率先して，受容し合う仲間を育んでいくことが重要です。さらに，仲間と協働することが難しい，課題をもつ子に対する支援も必要です。私は，受容し合う仲間を育む全体支援と，課題をもつ子を育む個別支援の２つの支援に取り組み，協働力を高めていきます。

 ## 1 協働力の素地は，子ども同士の受容し合う関係

(1) 協働における受容し合う関係とは

　クラスみんなで大縄跳びをしているとき，A男のこんな声が聞こえてきます。

> 「おいB男！　ちゃんとやれよ！
> お前のせえででけへんやんけ‼」

　こんな子どもの声を聞いた先生方は，どのように感じますか？

> ① 友だち同士で励まし合うことで，士気を高めようとしている。
> ② 一人の子を責めているように感じる。

　この発言は，たしかに相手を責める言葉です。しかし，A男は，「みんなでたくさん跳びたい」という気持ちから言った言葉で，B男を苦しめようと思って言ったわけではないことも察することができます。
　では，なぜこのようなことが起こるのでしょうか。私は，

> 協働力とは，学級全員が一つの仲間として同じ目標に向かう力

と考えます。そのためには厳しい声のかけ合いは，多少はあっても仕方がないと教師は考えてしまいます。ですが，この感覚は危ういもので，

> 弱い者いじめの発生の原因となってしまったり，不登校の発生につながったりしてしまいます。

　教師は，このようなネガティブな関わりに敏感でなければなりません。私は，学級の協働力を高めていく上で最も重要なことは，

> 教師が率先して，受容し合う仲間を育むこと

と考えます。協働力を高めていく中で，できる子とできない子，得意な子と苦手な子の関わり方はとても大切です。その関係が，受容し合う関係であれば，先のA男の声も，このように変わります。

> 「B男！　もうちょっと早く入ってみ！そうしたらできるかも！」

　どうでしょう。言葉として強さはありますが，その中に責めの言葉はありません。このような思いやりある言葉があふれる関係をここでは目指します。加えて，取り組みの中で協働することが難しい子に対して，全員から受容される一人を育むことも目指します。つまり，全体と個別，2つの支援を行います。

(2) 受容し合う仲間を育む

　学級の協働力の向上を，図1の3つのステップで取り組みます。
　① 【知り合う】仲間一人ひとりのよさを全員でシェアする
　協働力を高めていく際，学級全員がお互いに大切な仲間と思うことから始ま

ります。そのために，

> 子どもたちが学級全員のよさを知り合う

ことが必要です。自分から仲間のよさに気づくことが，受容し合う仲間を育んでいくスタートになります。

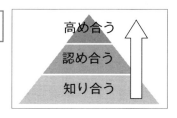

図1　3つのステップ

② 【認め合う】子ども同士をつなぐ

　まず，学級全員がお互いに受容し合う仲間にしていくことが必要です。それは協働力を高めていくための基礎となります。ここで大切なことは，子ども同士のポジティブな関わりです。ポジティブには積極的や肯定的など様々な意味がありますが，私は子どもたちに対して，

> ポジティブな関わりとは友だちと"たし算の関係"をつくること

と，説明します。教え合い，学び合い，様々な場面で子ども同士が関わることにより，子どもに新たな発見や学びが生まれることを期待します。

③ 【高め合う】具体的に何が"よくなったか"を全員でシェアする

　協働力を高めていく中で大切なこととしてもう一つ，

> できていないことではなく，できるようになったことに目を向ける

ということです。そのために用いるのが，グラフや表などのがんばりが視覚でわかるものです。何がよくなったかをみんなでシェアしましょう。

(3) 受容される一人を育む

　協働力を高めていく上で，課題をもつ子をどのように育むかということも，教師として大切です。調査[1]では，通常学級（約30人）に2人の割合で，学習面や行動面で困難を示す子がいると言われています。その子を協働力の一員として個別の支援をしていくために，ここでは，

> 教師の子どもへの関わり方が，学級全体の関わり方となる

という考えのもと，支援をしていきます。つまり，教師が厳しく責めるような言い方をすると，子どもたちは教師を真似して，友だちを責めます。そのような責めをなくすために，教師が率先して，

> 学級全員から受容される一人を育む

ことが，協働力の一員として個別の支援をしていく上で重要です。教師が配慮して接することは，学級の中でその子の存在を認め，大切な存在であることを示すことができます。しかし，このような心配もあります。

> 先生がひいきしている，何であいつだけ……

　先生に自分を見てほしい，それは子どもであれば誰でも思うことです。
　そこで私は，個別の支援をする前に次のことを説明します。

> ・人には得意なこと，苦手なことがあること。
> ・人によって必要な助けや支えは，違うこと。
> ・一人の子を高めていくことも，先生の役目であること。

　この説明が，受容される一人を育む素地となります。

2 実践！協働力を高めるための全体支援と個別支援

(1) 受容し合う仲間を育む
① 【知り合う】仲間一人ひとりのよさを全員でシェアする

　協働力を高め始めるとき，それは学級開きです。4月初めから，全員が一つの仲間であることを意識し，ポジティブなつながりをつくっていかなければなりません。そこで，学級開きに，サークル・タイム(2)を行います。サークル・タイムとは，学級全員で一つの円になって座り，お互いの顔を見てワークを行うことです。「これまでの関わりで友だちの知っていることを紹介してください」と声をかけ，順番に，「○○君のいいところを発表してくれる人！」と始めます。しかし，注意として，このような声かけをします。

> その子のよさをみんなに伝えようという気持ちで発表してください。

　これにより，クラス替えによって初めて出会う友だちも，それまでクラスが一緒だった友だちがポジティブな発言をすることで，学級全員が全員のよさを知ることができます。また，同時にニックネームなどもみんなで考えることで，始業式から全員が関わることができ，受容し合う関係をつくり始めることができます。

　完成したシート（図2）は学級に掲示すると同時に，学級通信に載せて，保護者ともシェアします。

6年1組のみんな		ニックネーム	みんなが言ってくれたグッドポイント
1	A	○○ちゃん	やさしい，しゃべりやすい
2	B	○○くん	柔道強い，表情豊か
3	C	○○さん	科学者，すっごく頭いい
4	D	○○ちゃん	そろばん上手，バスケも上手
5	E	○○ちゃん	てれや，頭がいい，機械得意
6	F	○○くー	つっこめる，アニメ好き
7	G	○○つ	やさしい，ハキハキ言える
8	H	○○ちゃん	やさしい，笑顔，ハイテンション
9	I	○○ちー	サッカー野球つよい，やさしい
10	J	○○ちー	すぐ笑う，えくぼがすてき
11	K	○○ちゃん	やさしい，運動神経がいい
12	L	○○ぽん	がんばりや，おもしろい
13	M	○○ちゃん	字がきれい，かしこい
14	N	○○ちゃん	わらってくれる，ムードメーカー
15	O	○○き	やさしい，勉強できる
16	P	○○ちゃん	笑顔ステキ，話しやすい
17	Q	○○か	サッカーすごい，頭いい
18	R	○○りん	電車博士，おもしろい
19	S	○○の	やさしい，リーダー，おもしろい
20	T	○○ちゃん	話しやすい，笑顔
21	U	○○たー	答えが早い，パワーがある
22	V	○○ちゃん	のんびりや，やさしい，笑う
23	W	○○と	かっこいい，おもしろい
24	X	○○ちー	いっぱい食べてくれる，電車博士
25	Y	○○ちゃん	落ち着いている，気配りや
26	Z	○○か	冷静，なんでもやってくれる
27	AA	○○かつ	マイペース，ゲーム好き，やさしい
28	AB	○○よ	照れ屋，野球上手
29	AC	○○ちゃん	教えてくれる，優しい，かしこい
30	AD	○○ちゃん	習字すごい，ピアノもすごい

（アルファベット，○は実際の名前が記入されています。）

図2　学級開きの会で完成したシート

② 【認め合う】子ども同士をつなぐ

　学級全員がお互いに受容し合う仲間を育むために，友だちとのポジティブな関係を促進します。

| ポジティブな関係とは，友だちを尊重し言葉・行動で伝え合うこと |

です。そこで私は，感謝と称賛に着目して仲間で認め合う，「ポジティブカード」(3)（図3）に取り組みます。様々な研究で，感謝は相手の思いやり行動を促進させる効果が実証されています。つまり，「ありがとう」「よかったよ」と相手に伝えることは，そのつながりをより強いものにします。

図3　ポジティブカード

　カードは，学び合いや取り組みをペアやグループで取り組んだ後に書き，カードには，①自分の名前，②相手の名前，③日付，④時間（取り組み内容），⑤具体的な内容の5つを書きます。

　このカードでは，各項目を丁寧に書くように指導しますが，中でも③と④はとても大切です。このカードは，もらった子の行動の記録にもなりますので，「いつ，どの場面で」がわかることが重要です。また，このカードを書く際，もう一歩踏み込んだアドバイスをします。

　　自分がしてもらったことだけでなく，友だちが誰かにしていることを見つけて，それを「すごいね」と書いて渡してもいい。

　これにより，子どもたちが自分以外の様々な関わりを見るようになり，よりポジティブな関わりが増えていきます。また，カードを渡し合った際には，カードの内容ともらったときの気持ちを交流する時間を取ることで，より感謝や称賛を伝え合うよさと，そのカードの価値を学級全体で向上していくことができます。

③　【高め合う】具体的に“何がよくなったか”を全員でシェアする

全員が協働して同じ目標に向かうためには，具体的に向上している経過を知ることが大切です。そのために用いるのが数値とグラフです。視覚的に見ることで，自分たちのよさや課題に気づくことができます。

> グラフは，自分たちのがんばりや課題を共有するのに有効です。

縄跳び大会などで，跳んだ数をグラフにしてもいいですし，目標を子どもに点数化させ，その点数の学級平均をグラフ化するなどしてもいいでしょう。図４は，実際にクラスで用いたグラフです。これは６年生３学期に，残り少ない日々で大切にしたいことを８つ，学級全員で決めて，毎日集計しグラフ化したものです。

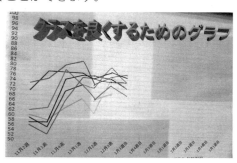

図４　クラスをよくするためのグラフ

図５は学級の算数の成績を表にまとめたものです。この表の特色として下段に結果の標準偏差を“ちらばりポイント”として示し，

	2学期算数成績			
単元	拡大縮小	速さ	比例	反比例
平均	85	89	91	94
ちらばり	15	12	16	10

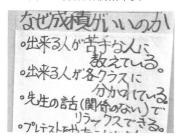

図５　算数成績結果表

> ポイントが小さくなればなるだけ，みんなの点数のちらばりが小さくなっている（＝みんなが教え合えている）

ということを具体的に示しています。これにより，ただ平均を向上させていくのではなく，教え合い，学び合いに全員が取り組んだ成果も数値として示し，がんばりを共有することが大切です。また，これらグラフや数値をもとに話し合う時間を取ることも有効です。話し合いでは，

図６　話し合いの結果

> なぜよくなったか，なぜ向上したか

について話し合います（図6）。これにより，全員がポジティブな考えになり，受容し合う仲間として，さらに協働力の向上を図ることができます。

(2) 受容される一人を育む

　協働という言葉を聞くと，誰もが参加できる，取り組めるように思われますが，様々な子がいる学級ではそれは当てはまりません。友だちと協調すること，協力することが難しい，課題をもつ子もいます。私は，

> 教師の課題をもつ子への接し方が，学級の雰囲気を決める！

と考えています。学校ではしばしば，問題が起こってから指導してしまいます。しかしそれでは，課題をもつ子と教師，そして学級全員との関わりは，ネガティブなものとなってしまいます。

　そこで用いるのが，がんばりチェックシート[4]です。チェックシートと聞くと，できなかったことに着目するように思われますが，

> できたこと，がんばったことを記録するために取り組む

ものとして，がんばりチェックシートに取り組みます。

① 【同意と説明】がんばりチェックシートに取り組む前に

　この取り組みは，支援する子，その保護者，そして学級全体に丁寧な説明が必要です。また，支援する子をどのように選ぶかということも慎重にしなければいけません。ここでは，C子の事例で紹介したいと思います。

> 　C子は，日頃友だちとも仲よく接する子でしたが，こだわりが強く，自分と意見が食い違うとそれに対して怒ったり，泣いてしまったりし，しばしば暴力をふるってしまうことがありました。それによって周りの子もC子とどう関わっていいかわからず，またC子とC子の保護者もその問題に困っていました。

まず，C子と，C子の保護者に対し，教師の願いを伝えます。

　もっとC子のいいところ，がんばっているところをみんなに知ってもらいたい。そして，C子にも自分のよさを知ってほしい。

次に，この取り組みの説明を話し，同意を求めます。

・悪い行動をチェックするために行うわけではない。
・どれだけがんばっているかを評価する。
・チェックする際は，子ども本人が評価し，1日1回する。
・チェックする際は，教師からのネガティブな発言はしない。

本人と保護者の同意が得られたら，次はクラス全体への説明です。

　今日から先生は，C子のいいところを見つけるために，C子と一緒に給食時間にがんばりチェックシートという取り組みを始めます。C子はみんなと関わる中で，苦手なことが少し多くて，自信がなくなってきているからです。みんなの中で，先生に私も支えてほしいという人がいたら，いつでも言ってください。

と，実際に説明しました。

②　【支援の実施】C子とがんばりチェックシートに取り組む

C子と話し合いの結果，①友だちとの関わり，②勉強，③態度，④言葉遣いの4つをがんばることとしました。チェックシート（図7）は給食時間に給食を食べ終わってから行うこととしました。「今日は何点でしたか」という私の質問に，①から④に対してC子が10点満点で自己評価していきます。「今日はケンカしてしまったから友だちが8点かな」とチェックしているとき，そのC子の評価を聞いていたクラスの子から，

> 先生！　C子は机を動かすときに，私に「後ろが危ないよ」と言ってくれました。だから10点です!!

　クラスの子はC子の素晴らしい姿を見ていたのです。それにC子は大喜びで，クラスで拍手がわき起こりました。最初はC子だけの取り組みでしたが，C子のがんばりや，自信をつけていく様子を見て，その後，クラスの２人の子が，チェックシートを始めたいと言いに来ました。その子たちも保護者に同意を得た上で，支援を始めていくこととしました。

　このチェックシートによって，学級全員のC子の見方が変わりました。それまではできないことを責められる場面が多かったのですが，取り組みを始めてから「難しいこともがんばれたね」や「やってみようと思うんやね」などという，C子のがんばりや努力を応援する声が聞かれました。

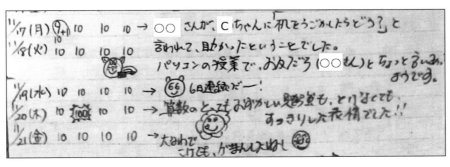

図7　C子のチェックシート

3 協働力を高めていく上で大切な子どもの見方

(1) 結果・成果ではなくプロセスを大切にする

協働力は，全員が同じ目標に向かうために必要な力です。目標には，結果や成果という目に見えるものがありますが，私が大切にしたいのは，

> なぜ結果が出たか，なぜ達成することができたか

というプロセスです。具体的に何がよかったのかを整理することで，子どもたちにとって成功体験となります。その成功体験によって，子どもたちは次の機会にも協働力を高め，新たな目標に向かうことができます。

(2) 全体支援と個別支援，2つに取り組む大切さ

教師は全体支援をする場面が多いです。その中で，取り組みが苦手な子やできない子，行動に困った子に教師が高圧的に接してしまうことは，

> 子どもをラベリング（レッテル貼り）してしまうこと

につながります。ラベリングされた子どもは，周囲の友だちからのネガティブな関わりによって，成長することが難しくなってしまいます。教師は，この危うさを知りつつ子どもに配慮して指導することが大切です。つまり，

> この指導はネガティブだ，と認識して指導することが最も重要

です。教師の発言や態度の，子どもへの影響は計りしれません。ここではその影響力をポジティブに活用し，

> 教師が子どものモデル（姿）となって，一人の子どもに関わる

ことで，学級全員を受容し合う仲間にし，協働力を向上させていきます。

(3) 合理的配慮で実現する学級の協働力

今回,紹介した取り組みは,

> 子どもの課題やニーズに即して支援する,合理的配慮の考え方

を取り入れています。合理的配慮とは"障害のある子どもが他の子どもと平等に教育を受けること"[5]です。取り組みに対する子どもそれぞれの課題に対して,教師が合理的に配慮することが求められます。

今回,個別支援で取り組んだがんばりチェックシートは,個別支援が先進的なアメリカで取り組まれているCICO(Check-in/Check-out)を参考にしています。このように,子ども一人ひとりのがんばりに目を向ける教師の姿勢が,学校現場における合理的配慮において必要です。

協働力を高めていく中で,それぞれの取り組みによって課題をもつ子どもは変わります。学級には体育や音楽など,それぞれに対して苦手や課題のある子がいます。しかし,「苦手や失敗があっても,その子のよさがある」と,どんな子に対しても学級全員がポジティブに関わり,仲間を受容し合うことで,協働力を向上していくことができます。

【引用・参考文献】
(1) 文部科学省「通常の学級に在籍する発達障害の可能性のある特別な教育的支援を必要とする児童生徒に関する調査」2012
(2) 池島徳大・松山康成・大山貴史「サークル・タイムで築くクラスの中の共同性意識」奈良教育大学教職大学院研究紀要『学校教育実践研究』4,2012
(3) 松山康成・池島徳大「子ども同士で感謝と称賛を伝え合うポジティブカードの有効性の検討─対人的感謝と学校適応感に及ぼす影響─」ピア・サポート研究13,2016
(4) 池島徳大・松山康成「学級における3つの多層支援の取り組みとその効果─PBISの導入とその検討─」奈良教育大学教職大学院研究紀要『学校教育実践研究』8,2016
(5) 文部科学省「共生社会の形成に向けたインクルーシブ教育システム構築のための特別支援教育の推進」2012

(松山　康成)

学級における協働力の確かな構築まで

1 協働力の確かな構築までの心得

(1) 現状をいち早く把握

　学級の子どもたちの現状（人間関係や子どもの個性など）を把握します。例えば，複数学級で進級し，毎年クラス替えがあり，構成メンバーが替わる場合。2年ごとにクラス替えをして，構成メンバーが替わり進級していく場合。単学級で進級する場合。進級途中で子どもの転入増加により，学級数が増えた場合。子どもの転出増加により，学級数が減った場合。など，毎年その学年，学級によって，子どもを取り巻く環境が変わり，人間関係も変化します。そこで，学級の子どもたちの人間関係やパワーバランスをある程度，学級担任は把握しておきます。引き継ぎは大切な儀式ですので，前担任から情報をいただいておくことも忘れてはいけません。だからと言って，「これですべてわかった」かのように安心して，自分の目で見て，聞いて，感じることを怠ってはいけません。

●学級の子どもたちの人間関係を自分自身で確かめる。

(2) 子どもと向き合います

　協働力を高めるためには，まずは担任と子どもたちとの関係づくりから始めましょう。そのためには，「おっ，この先生はおもしろいぞ」「この先生の話ならば，聞こうかな」「ん？なんかこれまでの先生とは違うかもしれない」「なるほど，先生の言っていることがよくわかる」など，授業を工夫したり，子どもにかける言葉を考えたりしていきましょう。その後で，子どもたちの個々の力（学力はもちろんのこと，友だち関係を構築していく力など）を高めることに

重きを置きます。なぜなら，学級のすべての子どもたちが，担任と関わって，関係性を飛躍的に向上させることはできないのですから。つまり，T（教師）－C（子ども）の関係，C－Cの関係のみならず，C－T－Cの関係やT－C－Cの関係があってもいいわけです。焦らず，じっくり粘り強く子どもたちと関係を築き，子どもたち同士の関係性を深めていきましょう。

●教師と子どもとの関係をどう築くのか。
●これまであった子どもたち同士の関係から，どう新しい関係をつないでいけるのか。
●すべては作戦のもとに‼

(3) 保護者同士の関係も重要

　子どもたち同士の関係は，本人同士はもちろんなのですが，保護者同士の関係が大きく影響している場合があります。学級担任としては，子どもたち同士の関係づくりが主ですので，保護者間まで介入する必要はありませんし，どうこうしようという考えは得策ではありません。しかし，保護者同士の関係は知っておいてマイナスにはなりません。知りうる範囲内でよいので，情報を把握しておきましょう。そのためにも，教師と保護者の信頼関係をどう築いていくのかということも考えておくべきでしょう。何せ，相手は大人ですし，自分よりも年上の場合が多いですから，連絡を密に取ったり，がんばっていることをお伝えしたり，家庭訪問したりと関係性を築くための努力をしていきましょう。

●保護者からの信頼を高める方策をとる。
●担任信頼度100％を目指さない。
●まずは，学級担任と子どもたちの関係です。

2 中條学級での協働力を高めた具体的な活動例

(1) なんでも・なんども・シェアタイム

　授業は年間約1000時間あります。そのうち1学期は，6時間×約80日＝約480時間（短縮授業などもありますので，概算で計算します）を占めます。これは，子どもたちの学校生活における重要な時間と言えるでしょう。たとえ，休み時間や掃除，給食，朝の会，帰りの会などの時間を計算しても，ここまでの数字は決して出てきません。即ち，この時間をいかに大切にし，「教科書を教える」ことに必死になりすぎず，「教科書で教えること」を教師がいかに意識し，授業を行っているかが後々の学級経営に反映されてくることを忘れてはいけません。

　そこで私は，授業のあらゆる場面で，【なんでも・なんども・シェアタイム】を実施しています。授業で，子どもたちが考えたこと，私からの発言を聞いて考えたこと，ふと思ったことなど，まず隣の人と【シェアタイム】を行います。さらに，前後の人たちや斜め前，後ろの子ども同士でもやります。子どもたち同士のつながりをつくるためのきっかけを教師からしかけていきます。そもそも，子どもたち同士の様子を見ていると，『仲のよい子』『あまり関係がうまくいかない子』『どちらでもない子』など，それまでに関係を固定させている場合が多いです。これまで，そういった人間関係の固定化をよく見てきました。自分とは違う人の意見を聞き，考え，情報をシェアしていく。これを毎時間のように繰り返し行っていきます。シェア仲間として，お互いに相手を意識し，授業に参加することができます。また，個人の考えが深まり，視野も広がっていきます。

(2) ちょこっとありがとうカード

　ちょこっとありがとうカードとは，普段誰かのために活動している人に対して，メッセージを書いてプレゼントするものです。例えば，次ページの写真の

ように，係活動で活動している様子を見ている子が，がんばっている子にメッセージを書いています。このカードは，小学校3年生を担任したときに子どもが書いたものです。

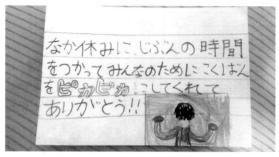

　まず，B5サイズの白い紙を準備します。8枚分取れるように折って，カットします。学級の人数によりますが，一人につき1枚から始めましょう。慣れてくれば，2枚，3枚と増やしていっても構いません。メッセージを書く上でのチェックポイントが4つあります。

① 人のために日々動いている人に向けて，お礼の言葉やメッセージを書く。
② 相手の名前，自分の名前を書く。
③ 色鉛筆で色づけしたり，絵が登場したりしてもOK。
④ 書き上がったら，いったん先生に提出する。

　なかなか誰に書こうか決まらない子もいるはずです。時間を取ること，書き上がるまで待つこと，強制しすぎないことを念頭に置いて，取り組むとよいでしょう。また言葉が書けなければ，絵やイラストでも構いません。要するに，がんばっている子へのメッセージですから，「いつもありがとう」の一言でもよいわけです。

　もらった子たちは，ニコニコしながら読んだり，恥ずかしそうに照れながらこっそり読んだりしています。もらって嫌な顔をする子はきっと一人もいません。次ページの写真は　6年生が書いたものです。

　男子から女子へ，女子から男子へ，男子から男子へ，女子から女子へと，一人が書く枚数を増やせば，メッセージの広がりを見せていきます。もちろん，最初の1枚は「異性に書きましょう」と限定し，「ここに告白の文は書きませ

ん」などと話をすれば，笑いが起こるかもしれません。

(3) チームアドバイザー

　普段の授業で行います。特別なネタを用いて授業を進めようというわけではありません。ただ，テーマを決めておいての話し合い活動をしたり，新聞やポスターを描いたりするときにこのチームアドバイザーが力を発揮します。チームに一人アドバイザーがいて，チームのためのアドバイスを積極的に行っていきます。次ページの写真は社会科の授業です。チームごとにメンバーのうち一人がアドバイザーに徹します。

　国語科，算数科，理科，図工科，家庭科，体育科など，どの教科でも行えます。子どもたちの特性に応じて，アドバイザーが交代していくのでよいでしょう。漢字が得意な子，計算が得意な子，工作するのに手先が器用な子，走るのが速い子など，周囲の仲間と情報をシェアしていけることで，得意分野を生かすことができ，自分に自信をもてるようになっていきます。

(4) **拍手で，ソーレッ**

　一体感を生みます。学級の仲間が意見を発表したり，「素晴らしい」「素敵」な行動が見られたりしたときに，拍手を送ります。その際に，教師は「ソーレッ」とかけ声を入れます。レパートリーは先生方の教室の子どもたちと考えて増やしていってもよいでしょう。簡単なので，ぜひ一度試してみてください。

(5) **学級全員がドッと笑える瞬間づくり**

　私は「教室に笑いと元気を」をモットーに学級経営しています。笑いにもいろいろな種類があります。明るい笑い，温かい笑い，冷たい笑い，蔑んだ笑い，クスクス笑い，ガハガハ笑いなど。授業の中で，どんな笑いがありますか。これは一体感を生み出すために，しかけていかなければならない大事な要素の「笑い」です。そのために授業を工夫したり，教師が話す内容を考えたりします。以下に，実践例を紹介します。

　① 思い出写真を見て，一笑

　行事のとき（運動会や社会見学，遠足や校外学習など）に撮っておいた写真をみんなで見ていきます。エピソードを添えて話すと，「あー，そうだったね」

という声も上がってきます。思い出の共有化をすることで，学級への所属感を高め，一体感が生まれていきます。

　② E－1グランプリで，一笑

「お楽しみ会」というイベントを実施している学級は全国にどれほどあるかはわかりませんが，その会の延長線上にあるのが「E－1グランプリ」とお考えください。「エンターテインメント－1」略して，「E－1」です。

個人，ペア，チームと，人数に制限はありませんが，かけもちは厳禁です。エントリー制を採ります。内容については，漫才あり，寸劇あり，ダンスあり，CUPSあり，紙芝居あり，手品あり，コントあり，ものまねあり，……です。評価方法は，3項目（楽しさ，技，わかりやすさ）とし，5点×3項目の15点満点で点数をつけていきます。学級の子どもたちの評価を集計し，表彰していきます。人前に立ち，一芸をすることが素晴らしいことであり，ましてや見ている人たちを楽しませようとしている行動を称賛します。

(6) ミーティングタイム

自己評価，チーム評価を5点満点で示します。例えば，「今日の掃除，5点満点で何点でしたか」と問います。振り返りをするとともに，次への目標を定めます。もちろん，掃除をする前にも目標設定は大切ですが，まずは聞いてみます。個々の評価に曖昧さが残りますし，自分の評価を高くする子どもも多数見られるかもしれません。そこで，明確に評価できるようにするため，5点を以下のような目標で設定します。

1．黙　　働→時間内は一切しゃべらない。
2．協　　力→掃除は一人でもできますが，どうしても手が足りない場合は実行します。
3．観　　察→汚れているところはどこか，掃除するべきところはどこかをしっかり見ます。

4．精　　度→一度拭き，一度掃きを二度三度と拭いたり，掃いたりしていきます。
5．時間厳守→始めと終わりの時間を大切にします。特に，始めのチャイムが鳴る前には，掃除場所に到着しているようにします。

　いきなり，満点を目指しても，なかなかうまくいきません。上記の目標を子どもたちに示し，「今日は３点を目指しましょう」や「今日はこの中のどれか一つがんばってみましょう」と声をかけてみましょう。徐々に慣れていけば，きっと掃除時間の正確な評価ができるようになります。

　なぜ，この掃除を取り上げたかと言いますと，理由は３つあります。まず，自分以外の子の動きが見えやすく，他の自己評価も見えるからです。「あ〜，あの子はあの掃除で○点だったんだ」や「えっ？あの掃除で○点？」などです。よく耳にしてきたのが「先生，○○君が掃除してくれません」「○○さんが机を運んでくれません」といった類いの言葉です。掃除とは他の子に自分がお願いしたり，時には命令したりするものでしょうか。自分でできることは，自分でする。一人でできにくいことは，協力してやり遂げるが大切なことです。

　２つ目には，子どもたち同士が見ているということです。黙々と箒を動かし，掃除をする様子をチームの子どもたちはお互いに見ています。前述した【ちょこっとありがとうカード】に「いつも黙って掃除をしていてすごいですね」や「ゴミを取るときに手伝ってくれてありがとう」など，自尊感情が高まる言葉を送り送られます。「よし。次もがんばろう！」という意欲にもつながります。

　３つ目には，チャンスが広がるということです。互いのよさが，掃除時間を通して見えてきて，授業時間につながるからです。チームが変われば，他のメンバーのよさも見えてくるでしょう。また，担当場所が変われば，どんな力が発揮されるか未知数です。何をするのか，何ができるのか。ミーティングタイムで互いを高めていけることでしょう。

3 協働力育成の極意

(1) 全体で承認，個別に承認

　学級経営していく上で，その子の存在，つまりその子に居場所があるのかを考えます。教師がいくら「あります！」と言い張ったところで，その子自身が感じていなければ意味がありません。教室とは，そういうものです。そのためには，個が認められる場所をつくること。安心して生活できること。例えば，発言したときのみんなの視線はどこを見ていますか。「おぉ！いいねぇ！」と声は上がりますか。拍手が贈られていますか。学級全体で承認し，個別に教師が承認する。言葉だけ見れば，上からものを言っているように感じられます。実際はどうでしょう。殺伐とした冷めた空間において，「よしっ！学級のみんなのためにやってやるか！」とは決してならないでしょう。雰囲気をつくるために，教師自らが船頭として，ひと肌脱ぐのも時には必要でしょう。

(2) 同調圧力をかけすぎない

　学級の世論（理想は10割。しかし，現実として，子どもたちの大多数，つまり学級の子どもたちのうち，8〜9割）をつくり上げるのは，学級経営を行っていく上でたいへん重要です。もちろん，考え方，感じ方は個々バラバラです。それぞれ個々の意見や考えを大切に尊重していきながら，集団としての規律や行動を促しながら，学級を確立していくこと。ただし，ここで気をつけたいことは「なぁ，そう思うだろ？」とやりすぎてしまうのは，少々窮屈に感じる子どもが必ずいるはずだということです。教師は船頭なのですが，絶対君主になりすぎてはいけません。ただ，命に関わること，いじめを助長すること，人を傷つけたり，蔑んだりすることなどが見えた場合は，絶対的存在でなければいけません。しかし，何でもかんでも教師が引っ張っていくということでは，子どもたちの成長にはつながりません。くれぐれも，同調圧力をかけすぎず，子どもたちが発言して，「あー，なるほどね」，子どもたちが行動して「あー，そ

ういうこともあるか」と言い合える学級をつくれるといいですね。

(3) **自由と放任――枠組みはどこにあるのか**

　「子どもたちに任せていますから」や「子どもたちがやりたいって言ってますから」「子どもたちを信じていますから」とニコニコしながら語る教師がいたとしたら、次のどちらかでしょう。子どもの現状や様子が全く見えていない教師か、これまでチームとして築き上げてきた学級の子どもたちに全幅の信頼を置いている教師でしょう。

　【自由】とは、【自らを由しとする】という意味があると説いたのは福沢諭吉だと言われています。また、ある一定の枠内で【自由】が存在します。例えば、学級会で話し合う際、「今日は次の学級遊びを何にするかについて話し合います」と議長が発言します。この話し合いは続きませんし、【自由】の枠からも外れています。ここでの日時は「来週の学活の時間」でよいでしょう。何が条件として漏れているかは、おわかりですよね。「場所」と「天候」です。運動場なのか、体育館なのか。晴れのとき、雨のとき、時には雪のとき。条件が加わることによって、【自由】の枠が狭まっていきます。それこそが、学校でいう【自由】なのです。「何をしてもいいよ」「どうなってもいいよ」では、ただの【放任】です。この【放任】を繰り返すと、見た目はいかにも子どもたちが自ら意見をたくさん出して、話し合っていたり、楽しんでいたりしているように見えます。しかし、実は少数意見派が勝ち続ける構図をつくり上げてしまっているのです。その見極めができるのは教師しかいません。

(4) **行動と思い――常に子どもたちにとって見える化**

　「『心』は誰にも見えないけれど、『心遣い』は見える。『思い』は見えないけれど、『思いやり』は誰にでも見える」

（宮澤章二氏の『行為の意味』より抜粋要約）

　この言葉は、東日本大震災のACのCMで流れていましたが、教室での子どもたちの様子を見ていて、当てはまるのです。本来、見えないものを見える

化することで，相手に理解され，自分も納得するのですが，そもそも「人の気持ちを考えよう」と口で言ったところで，未分化未発達である子どもたちにどこまで理解できるのでしょうか。だからと言って，大人だからと言ってわかるはずもありません。個々で違う「心」や「思い」をもつ子どもたちが他者理解していくために，必ずやるべきことが「見える化」であり，「聞こえる化」であり，「動作化」であるのです。

(5) 協働力と孤独

　森博嗣氏は『孤独の価値』という著書の中で，「良質な孤独」という言葉を使われています。教室内でよく「一人でいる子」に，教師は敏感になり，さらには過敏に反応する場合があります。子どもを取り巻く状況にもよりますが，基本，一人で何をするのか，何ができるのか，が個々の力量UPにつながると考えています。一人でいたいとき，一人がいいときがあってもよいと思うのです。教室内で，いかに「健全な孤独」でいられるか。そういう子どもたちが集まってこそ，学級での協働力が高まるでしょう。

　菊池省三氏は，「価値語」の中で，「一人が美しい」という言葉を使われていました。一人でできることがあるからこそ，群れずに強い気持ちをもって活動していくことができます。

　活動例として示しました「ミーティングタイム」での「清掃活動」は，私の実践の中で「協働力」を高める最有力のものです。この活動の目標は「与えられた場所だけに限らず，自分たちで汚れているところを発見し，チームで協力して，美しくしましょう」です。個々の力を高めつつ，協働力も高めていくのです。

　もう少し言えば，「ここのゴミ取って」「机と椅子，運んで」など子どもたち同士，または一方的にお願いしたり，頼んだりすることはありませんか。これはよろしくありません。この行為を続ける限り，協働力は決して高まらないと考えます。まずは，自分が自分でできることを確実にやっていく。その次に，お互いの協力が出てきます。「協働力」を育てるためには，誰かに指図・命令

したり，箒を振り回したり，ぺちゃくちゃ話したりしながらの清掃活動ではいけないのです。

　学級における「協働力」の高まりは，1日で構築されるものでは決してなく，教師と子どもたち，子どもたち同士の関係づくりから始まり，平行して日々の先生方の実践を進める中で培われていくのです。

（中條　佳記）

8 学校生活に協働の場を増やす
— 「課題解決体験ゲーム」と「学校行事・イベント」をリンク —

1 忘れられない体験

(1) きっかけは突然に

　教員になって5年目のことでした。教務室にあった1枚のチラシ「妙高青少年自然の家主催　妙高アドベンチャープログラム体験会（2泊3日）」の案内が、目に留まりました。「泊りで出張？　自然の家？　おもしろそう」私は軽い気持ちで参加を決めました。しかし、私はそこでの3日間で、実に不思議で衝撃的な体験をすることになったのです。

　当日、会場には15人ほどの人が集まっていました。大学生のお姉さんや、ペンション経営者の男性、環境保護団体のおばさん、中学校の教頭先生など年齢、性別、職種などが全く異なるみなさんでした。もちろん初めて顔を合わせた集団でした。当然会話もありません。例えるなら、専門外の教科の研究会に行って分科会の教室に座っているときのようなイメージです。「変なところに来ちゃったな……」正直思いました。ところが……。

(2) もう終わっちゃうの……さみしいな

　「最高のメンバーで過ごすことができて本当に幸せでした」
　「3日間だったけど、もう何年も一緒にいるような気がしています」
　「もっと自分に自信をもっていいんだと思えるようになりました」
　3日後の閉会式が終わると、自然とメンバー全員で輪になって口々に感謝の気持ちを述べ合う私たちがいました。抱き合って泣きながら別れを惜しむ姿。連絡先を交換したり、メールグループをつくろうとする動き。誰一人そこから帰ろうとしません。もっともっとこの時間が続けばいいのに……心から思いま

した。
　３日前。初めて出会った私たちでしたが，

> お互いのことを大切に感じ，「居心地がいい」「このメンバーとずっと活動していたい」「このメンバーなら何でもできそうだ」と思える集団（チーム）

に変わっていたのです。

(3) ３日の間で起こっていたこと

　私たちがしたのは，

> ちょっと恥ずかしいレクリエーションと課題解決体験

でした。

　例えば，円陣の中に，一人入ります。その人が円中の一人を指さし，「右！」とか「左！」「私！」と言います。指をさされた人は「右」と言われたら自分の右にいる人の名前をすばやく答えます。３秒以内に答えられないと真ん中の人と交代します。会ってわずか，しかも15人もいるので当たりません。当然アウトだらけです。そのうち指をさされ，「あなた！」と言われても自分の名前が言えない人がいたりして……大爆笑。

> みんなが失敗しても大丈夫。失敗するのも楽しいね。

　次第に，集団の中にそんな雰囲気が生まれていきました。
　次は「あいこハッピージャンケン」。２人でジャンケンして，勝ったらガッツポーズで「雄叫び」，負けたら「嘘泣き」。あいこだったら，「イェ〜イ！」のハイタッチ。雄叫びを上げたり，嘘泣きしたり，なかなか恥ずかしいですが，恐る恐るやってみると「意外とやれる！」。しかも周りのみなさんもやっている。だんだん楽しく，気持ちよくなってきました。特に「あいこ」でハイタッチすることの「つながった感」が心地いい瞬間でした。

その後もそんな活動がしばらく続き，1日目も終わる頃になると，私たちはジョークを言い合ったり，談笑したりできるようになっていました。するとその夜，指導者の先生（ファシリテーター）は，こう切り出しました。

> 「みなさんがここに来た目的は何ですか？」
> 「3日間の研修が終わった後の自分は，どうなっていたいですか？」
> 紙に書いて，伝え合いませんか？

私たちは紙に書いた思いを打ち明け合いました。

> ・職場の雰囲気がよくなくて……。職場を盛り上げたくて来ました。
> ・将来，教師になる上で，人間関係づくりを学びたいです。
> ・母親の介護を旦那に任せて，リフレッシュに来ました。
> ・他県で野外活動のNPO法人を立ち上げたい。　　など

　15人それぞれがいろんな思いやミッションを抱えながらこの場に来ていることがわかると，自然と「応援したい」「力になりたい」という気持ちがわき上がってきました。
　2日目からは，課題解決体験が入ってきました。
　丸太の上で，一人も落ちないように背の順に並び替える活動や，大きなシーソーに乗って，シーソーが地面につかないように移動する活動，台の上から後ろ向きに倒れてくるメンバーを全員の手で受け止める活動などがありました。どの活動もメンバーが協力したり，知恵を出し合ったりして挑まないとクリアできないものばかりでした。何回も失敗が続いてくじけそうになることもありました。そんなときファシリテーターは，「今，どんな気持ちですか」「今，集団や自分の中で何が起きていますか」と問いかけ，私たちの気持ちや集団として向かうべき方向を整理してくれました。「よし，もう一度がんばろう」「次はこんな方法はどうだろう」。あきらめない勇気や，思いがけない発想が生まれ，難題を解決していくことができました。その後も，うまくいったときも失敗してしまったときも，「今，何が起こっていたのか」をじっくり振り返りながら

取り組みました。無理そうな課題を自分たちの知恵とチャレンジ精神でクリアしたときの大きな達成感と一体感は，何ものにも代えがたい素晴らしいものでした。

３日目もさらにハードな課題解決体験が続きましたが，私たちはファシリテーターに促されるまでもなく，知恵を出し合い，何度もチャレンジし，ミッションの達成を喜び合いました。その結果，先に述べたような終末を迎えたわけです。

 ## 2 協働力を高める

長々と書きましたが，私は，この体験の中に今回のテーマである「協働力を高める学級づくり」の要件が詰まっていると思うのです。まとめてみました。

まず，「協働力」とはどんな力でしょうか。私はこう考えます。

> 協働力＝集団のメンバー個々が，共通の目標の達成に向かって，自分に与えられた役割を自覚して行動できる力

そして，「協働力の高い集団」とは，

> 集団のメンバー個々が，共通の目標の達成に向かって，自分に与えられた役割を自覚して，互いに寄り添い合いながら行動している集団

だと考えます。先に述べた妙高での私たちは，まさにそうであったと思います。なぜそのような集団になれたのか。以下の４つの要件があったからだと考えます。

① 集団の中に，安心・安全の雰囲気ができる。
② 集団全体と個人に，明確な目標（ゴール像）がある。
　（そこに自己決定・自己選択が保障されている）
③ 課題解決（実践）の場がたくさんある。

④ 自分たちの行動や変容を振り返り，価値づける場がある。

この４つが右図のような構造でサイクル化されて機能していることが，学級の協働力を高めることになると私は考えます。

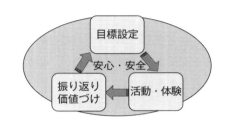

しかし，学校現場には，妙高の３日間のように課題解決体験をやり続けるような莫大な時間はありません。では，どうするか。学校での教育活動を「課題解決体験」に変えてしまえばいいのです。そして，その視点を「課題解決ゲーム」を通して子どもたちに与えてあげればいいのです。以下，実践の中で述べていくことにします。

(1) **協働のよさを子どもたちに体験させる課題解決ゲーム**

まずは，協働して課題をクリアすることの気持ちよさを体験するゲームをしくみます。

【ジャグラーキャッチ】

全員がボール（玉入れの玉のような痛くないものがいいです）を１個ずつ持って輪をつくります。「せ～の！」のかけ声で，手に持っているボールを一番遠い人に向かって投げます。全員がボールを落とさずにキャッチできたらクリアです（全員キャッチでなくてもゴール設定はその集団の実態に合わせてください）。

子どもたちは最初の数回は策のないまま，チャレンジします。当然，ボール同士がぶつかって成功しません。そのうちに「もっと離れよう」とか「投げる高さを変えよう」とアイディアを出す子が出てきます（発言が出てこなくても，チャレンジの様子を観察していると，距離をとろう

とする子や投げる玉の高さや速度を変えようとお試しする子が見えてきます。そうしたら，いったんチャレンジをやめて，座らせます。「クリアするには，ただ続けていてもダメです。何かいい方法を思いついた人がいるんじゃないですか？」と投げかけましょう。きっと出ます）。

　アイディアが出たら，次は「自己決定」を促します。「自分はどんな方法でチャレンジしますか？」。ボールを投げ合うペアで相談させましょう。決まったらチャレンジ再開です。しかし，まだクリアには至りません。ペアの子としかつながっていないからです。まだ，玉はぶつかります。すると，「○○ちゃんたち，もうちょっと上に投げて」とか「おれたちもう少し低くシュッと投げるね」というような折り合いをつける声がかかるようになります。私は，子どもたちのこのような思考や行動こそが「協働」だと考えます。

　あとは活動の様子を見守ります。「おし〜い！」とか「今の感じよかったねぇ」など，ポジティブな声がけも子どもたちの意欲づけにつながります。

　そして，歓喜の瞬間がやってきます。「いぇ〜い‼」，子どもたちと一緒に喜びましょう。その後が最も大切です。それは「振り返り」と「価値づけ」です。一部の子どもたちの目には，ミッションクリアは「偶然」と映っているかもしれないからです。魔法の言葉があります。

　クリアおめでとう‼　クリアまでに一体どんなドラマがありましたか？

　子どもたちに，チャレンジ中に自分が考えていたことやそのとき起きていたことを語らせます。行動の自己決定をさせているので，

「僕はスピードに気をつけてやったらうまくいきました」

「最初はぶつかってたけど，みんなが高く投げていたので，低く投げたらうまくいきました」

というように，協働に関わる発言がたくさん出てきます。そこで，教師が価値づけます。

　今日のチャレンジは，全員が，みんなのためにできそうなことを考えて，自

> 分たちで決めてチャレンジしたからうまくいったんですね。これって, 今日のチャレンジじゃないときでも使えそうですね。

　子どもたちからは,「掃除のとき」「係活動のとき」「給食」などの日常場面が挙がるでしょう。この価値づけによって学級全体に価値が根づくのです。

(2) **課題解決体験に変身した学校行事**
【マラソン練習でチャレンジ！】
　学校の定番行事「マラソン大会」。体育の得意な子も不得意な子も, このイベントは「つらい」「苦しい」なんてネガティブなコメントがつきまといます。そんなイベントも, 教師の工夫一つで協働力を育てる課題解決ゲームに変身します。
　マラソン練習では,「目指せ！富士山」とか「新潟県１周チャレンジ」といった, 自分が走った距離に応じてマスを塗る学習カードがよく使われます。これらの学習カードは, 自分が練習した距離が視覚的に見え, ゴールに到達する達成感が練習意欲を掻き立てます。そんな学習カードからヒントを得て, 集団の団結と高まりを目的に考えたのが, 今回の実践です。
　① **目標設定〜価値×期待＝やる気〜**

> 「マラソン大会に向けて, これから休み時間にグラウンドを走るよね。だけど, ただ走るだけじゃつまらないし, この練習をクラスみんなのチャレンジにしたいなぁと思います。みんなで走った距離を合計して旅行してみない？」

　地図を黒板に掲示して,「君たちは今ここ」。地図の柏崎市にマグネットを重ねます。「例えば, 新潟でタレカツ丼が食べたいとするでしょ。新潟市はここ」。新潟市にマグネットを置きます。「柏崎から新潟まで, だいたい100kmだね。グラウンド１周が200mだから……？」 算数の学習です。「みんなで500周走ればゴールってわけ」。ここまで聞けば, 運動の得意な子は目を輝かせます。そこにもうひと押し。

> 「もしみんなでがんばってゴールにたどり着くことができたら，ご褒美があります。みんなでタレカツ丼パーティーをします！」

　これで，ほとんどの子はガッツポーズです。「苦しいことでも，みんなで楽しみながらやればがんばれる」。そんな価値と，達成した後にある楽しいことへの期待（もちろん「カツ丼」は目に見える期待ですが，協力して大きなことを成し遂げることへの内在的な期待も含まれています）。この２つが子どもをやる気にさせます。

　② 　ルートを全員で決定〜目標の自己決定〜

　「じゃあ，どこに行く？」「東京！」「アメリカ！」「沖縄！」。当然距離感のつかめない無謀なアイディアが出ます。ここでの教師の仕事は，正しい情報を伝え，ビジョンをもたせること。「沖縄までは，だいたい○○km。一人○kmくらいだよ」「アメリカだと新潟発の飛行機がないから東京に行かないといけないね」なんて旅行気分をくすぐります。そのうち子どもたちは自然と折り合いをつけて，できそうな観光スポットに照準を絞ります。ちなみにわがクラスは，ディズニーランドに決定。ご褒美はディズニーの１日仮装パーティーになりました。

　③ 　チャレンジ開始〜ヒーロー出現〜

　教室に帰ってくるとみんなが口々に周回数を言い合い，たし算が始まります。教師は総計距離に合わせて地図上のルートをなぞります。このチャレンジのいいところは，個人の走力の差が見えづらく，かつ，全員の努力がプラスの結果として学級のチャレンジに反映されるところです。また「昼休みにもみんなで走ろう！」と呼びかける子や，朝早く来て自主的に走ったりする子が出てきたり，走るのが苦手な子もみんなの声援を受けて１周でも多く走ろうとします。教師は，そんな子どもの姿を帰りの会などで紹介して学級全体で共有するのが任務。自然と拍手が起こる光景を見ると何とも嬉しいものです。

　④ 　ゴール達成〜価値づけの振り返り〜

　目的地への最後のルートをマジックでなぞるときの子どもたちの笑顔は最高。

みんなが抱き合って喜びます。ここで,「ゴールできたのはなぜか？」を学級全体で振り返ります。
　○みんながコツコツとがんばった
　○あきらめないで１周でも多く走った
など,全体に関する称賛が多く出ます。

> 「このチャレンジで自分はどうがんばりましたか？」

　個人の振り返りを全体の前で発表させます。温かい拍手のシャワーが待っています。これが大切なのです。
　歓喜の後は,楽しいパーティー。全員がゴール達成の立役者だから,準備作業もノリノリです。このご褒美までの準備も含めてチャレンジです。
　⑤　活動の一部始終が協働の宝庫
　実際わがクラスでは,マラソン大会本番が終わってもゴールに到達しませんでした。それも想定内。幕引きも全員で決定すればよいのです。結果,「絶対やり遂げる！」という意見で一致。団結はさらに高まり,２週間後に無事ゴールイン。１日ディズニー仮装DAYを満喫しました。担任の私も終日仮装をして１日を過ごし楽しみました。他のクラスでも,「韓国で焼き肉」を目標に飛行機で日本海に飛び出すも,期間内にたどり着けないことがわかり,話し合いでゴール変更。大阪でお好み焼きパーティーということもありました。大切なのは,みんなで同じ方向を向きながらハプニングもその都度話し合って解決していく過程と,お互いのがんばりを共有することなのです。

3　協働力育成の極意

　妙高での３日間,私たちのファシリテーターを務めてくださった方の一言一言はとても印象深いものでした。今でも,学級担任をする上での羅針盤にしています。中でも特に忘れられないのは次の２つの言葉です。

> 　ファシリテーターとは，先導者。指導者であってはいけません。なぜなら指導者が指導（指示）した時点で，そのチャレンジは"やらされた活動"になってしまうからです。

> 　人間はみんな違います。もっている力も，考えていることも，得意なことも苦手なことも。今日，みなさんが勇気を出して語ってくださった悩みやミッションを解決できるのは，みなさん一人ひとりです。しかし，その解決を手伝ってあげられるのは，今こうしてここにいるみなさんなのです。集団の力って素晴らしいと思いませんか？

　子どもたちのもつ協働の意識を引き出し高めていくのは，教師が子どもたちを「信頼して，任せて，待つ」ことだと考えます。そして協働することがいかに素晴らしいことかを語り，身をもって体験させることだと考えます。

　学級には人数分の個性が集まっています。2億人もいる日本の中で，今こうして同じ教室で共に過ごしている子どもたち。世界規模で，さらには人類が誕生してからの何億年もの時間軸で考えれば，どれだけ尊い運命的な出会いでしょうか。そんな宝箱のような学級を1年間預かる学級担任の使命は，何と言っても，この子どもたちをしっかりつなげてあげることだと思います。人とつながる心地よさと，自分で自分の行動を決めていく勇気を身につけた子どもたちは，その先もずっと両者を大切にしていくことでしょう。また，その先で新しく出会った仲間にもその価値を伝播していくことができるのではないでしょうか。そう考えると，教師という仕事の崇高さに襟を正されます。これからも，より一層，子どもたちから学び続け，目の前にいる子どもたちにとって，よきファシリテーターとなれるように精進していきたいと思います。

（渡邊　正博）

9 進むべき道を明らかにし，お互いのことを知り合うことで協働力は高まる！

1 協働力を高めるための2つの要素

「チーム○○小学校」

ちょっと前からよく言われるようになりました。

職員一丸となって，学校のためにがんばっていきましょう，ということを表したキャッチフレーズです。

しかし，考えてみてください。あなたの学校の校長先生が，ある日の職員会議で突然「チーム○○小学校として，職員一丸となってがんばりましょう」と言ったとします。その瞬間から，あなたの学校の職員同士が協働力を高めてバリバリ仕事をするということが想像できるでしょうか。できませんよね。もちろん，校長先生がそのような思いをもつことは大切です。しかし，それだけでは職員がチームになるなんてことはあり得ません。

それでは，どうすれば職員は協働力を高め，チームとなるのでしょうか。

私は2つが必要であると思います。

1つ目は，共通の目標をもち，それを達成するための行動をすることです。「こんな学校をつくっていこう」「こんな行事をつくっていこう」という思いをみんなで共有化します。

その上で，それを達成するための活動をしていくのです。仕事という活動を通してこそ協働力は高まっていきます。そもそも私たちは仕事をするために集まっているのですから。私たちが仕事そのものに魅力を感じ，夢中になっていることが大切です。例えば，運動会の応援団の指導で「ああでもないこうでもない」と相談しながら新しいスタイルをつくり上げた。公開研究会の授業をあれこれと一緒に考え準備をして，子どもたちが夢中になる授業を開発すること

ができた。そんな経験が重なってチーム力がアップしていくのです。

　２つ目は，お互いのことを知り合うことです。

「○○体育大学出身で体育は何でも得意です。でも，脳みそも筋肉でできています」

「パソコンは任せてください。困ったことがあったら，いつでも呼んでください」

「義母の介護があって，ちょっと今大変です。周りの先生方にご迷惑をおかけするかもしれません」

「趣味は食べることで，おいしいものを食べるために全国を旅しています」

「保育園に子どもを２人預けているから，遅くまでは仕事をできません」

など，それぞれの個性や状況を知っていると，相手を尊重する気持ちが芽生えます。

　さらに，お互いに共通点があると，人間関係の距離は一気に縮まります。「嵐が好き」「サッカーが好き」「プロレスファンである」「大学の先輩後輩」「前任校が一緒」「共通の友人がいる」「猫を飼っている」など。

　学級集団における協働力を高める活動について考えているのに，なぜ職員集団を例にしたのかと疑問に思われたかもしれません。なぜかと言うと，職員集団で考えることで，学級集団における子どもの立場になって考えることができるからです。

　職員集団においても学級集団においても，協働力を高め，集団をチームにしたいのであれば，次の２つの要素が必要になります。

① 　共通の目標をもち，それを達成する活動を繰り返す。
② 　お互いのことを知り合う。

　次節で，この２つについて具体的な活動を紹介していきます。

2 共通の目標をもち,それを達成する活動を繰り返す

　「どこを目指しているのか」「何を目指しているのか」がはっきりしていない集団では,メンバーそれぞれがバラバラな方向を向いていて好きなことをしてしまいます。

　クラスが手漕ぎのボートだとすると,メンバーそれぞれが好き勝手にオールを漕いでしまっては,前に進まずにぐるぐると回ってしまうだけです。ところが,「あの島に向かって漕いでいこう」という目標があればそこに進むことができるのです。

　だから,学級目標をみんなの力でつくり,「ここを目指そう!」と共有することが大切です(学級目標のつくり方については,赤坂真二編著『最高のチームを育てる学級目標 作成マニュアル＆活用アイデア』(明治図書)を参照)。

　私が過去に担任したクラスの学級目標をいくつか紹介します。

　「やさしさいっぱい　元気いっぱい　笑顔いっぱいの2年3組」

　「伝説に残るクラス　笑顔　あこがれ　絆　けじめ」

　「にこにこ笑顔いっぱい　くらすいつでも全力投球　みんな仲良しなクラス」(「にくみ」のアクロスティック)

　学級目標は,1年間かけて目指す方向を示しているので,言葉の抽象度が高いです。具体的にはどんな行動をするのかがわかりにくいです。だから,いろいろな活動を通して具体的にしていきます。

　ここでは,目標を具体化する活動を紹介していきます。

(1) ミッション(**具体的行動目標**)

　学級目標は,みんなの願いを入れたものなので,言葉がさす範囲が広いです。例えば,「笑顔いっぱいのクラス」だった場合,具体的にいつどこでどんな行動をすればよいのかがわかりにくいです。

　そこで,学級目標を達成するために必要な具体的な行動を短冊に書いて,教

室の前面に掲示します（下の写真）。

教室前面に掲示してあるもの

　これをミッションと呼びます。例えば「1日に3回，人に親切にしよう」「20人以上に笑顔であいさつをしよう」などです。数字を入れると，達成したかどうかがわかりやすいです。

　朝の会でミッションを知らせ，帰りの会でミッションができたかどうかを挙手で確認します。全員が達成できたら，短冊にシールを2枚貼ります。90％の子ができていたら，シールを1枚貼ります。

　シールが10枚たまったら，そのミッションはクリアとなります。クリアしたミッションを書いた短冊は，「できるようになった」コーナー（下の写真）に移動して掲示します。「こんなことができるようになったね」とクラスの成長を可視化することができます。

できるようになったコーナー

　私の場合，ミッションを10個クリアしたらお楽しみ会をすることにしています。みんなでがんばって達成したミッションのおかげでお楽しみ会ができるようになるので，子どもたちはがんばってミッションに取り組みます。そして，いざお楽しみ会を開くことになったときに，みんなでがんばったおかげでできるようになったお楽しみ会なのだから，みんなで楽しもうという意識にもなります。

　一度に取り組むミッションを多くしすぎると，子どもたちはそれに向けて意識を集中させることができません。最初は，一度に取り組むのは一つにして，

慣れてきたら3つくらいにするのがよいでしょう。

　ミッションの内容は，最初の頃は教師が考えます。目の前の子どもたちにできるようになってほしいことをミッションにします。「これができたら，学級目標の『やる時はやる』に関係することだから」などと子どもたちに説明します。「チャイムが鳴ったらすぐに席に着こう」「次の授業の準備をしてから休み時間にしよう」「チャイムが鳴る前に着席しよう」など，実態に応じてステップアップしていきます。

　しばらくすると，ミッションにどのようなことを書けばよいのかが子どもたちにもわかってきます。そこで，子どもたちにも考えさせます。すると，「○○さんがせっかく考えてくれたミッションだからがんばろうよ」と子どもたちに呼びかけることができるようになります。「先生が決めたミッションだからがんばろうよ」と言うよりも説得力が増します。子どもたちの実態により，1日にチャレンジするミッションのうち，一つは「日替わり」として日直になった子が考えるようにしたり，3つすべてを子どもが考えたミッションにしたりします。

　右の写真は日直が考えた日替わりのミッションを黒板の右端に書いているものです。

　ミッションへの取り組みを通して，協働力を高めるために，「班の全員がミッションを達成できるようにミニ班会議を開きましょう」「隣の人がミッションを達成できるようにアドバイスし合いましょう」などと，友だちと一緒に取り組んでいるという意識をもたせる工夫をするとよいです。

日直から

(2) 班のグランドルール

　学習や生活の基本単位となるのは班です。授業中の話し合い活動や，給食当番，掃除当番など班で一緒に行動する機会を

多くつくります。

　新しく班を決めたら，最初に①どんな班を目指すのか，②そのためにどんなことをすればよいのか，③どんなことをしてはいけないのか，を話し合い，共有し可視化するために班のグランドルールをつくります。

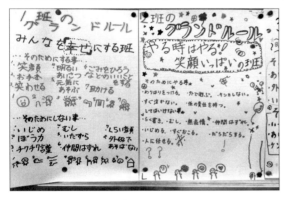

　なお，つくって終わりにしないために，定期的に振り返る機会をつくります。

　また，班を替えるときには，最後にお互いのよいところを書いた手紙を交換するようにしています。「今までありがとう」と言いながら手紙を交換するとき，どの子も笑顔になります。

班のグランドルール

　なお，この「班のグランドルール」は横浜市の山田将由氏から教わりました。

(3) 行事でめあてを共有する

　行事への取り組みの初めに，子どもたちが「どんな行事にしたいのか」を話し合って決めることで　目指すべき姿をみんなで共有することができます。

　具体的には，次の３点を話し合います。文化祭を例にします。

① どんな文化祭にしたいか

　→自分たちも見ている人もキラキラ笑顔で輝く文化祭

② そのために増やす行動

　→友だちを積極的にほめる。

　　プラス１の努力をする。

　　一生懸命やっている姿を見せる。

　　相手の立場に立って意見を言う。　など

③ そのために減らす行動

→失敗を笑う。
　　　一生懸命やっている友だちをばかにする。
　　　手を抜こうとする。
　　　相手の話を聞かない。　　など

　ここで話し合って決めたことをいつでも見て確認できるように，模造紙に書いて貼ります。
　このように，自分たちが何を目指していて，どんな行動を増やして，どんな行動を減らすべきなのかをみんなで共有することで，子どもたちの動きが変わってきます。
　行事が終わったら，活動を振り返ります。

お互いのことを知り合う活動

　私たちは，一緒に活動をしている中で，自然にお互いのことを知り合っていくものです。その中で，お互いの共通点を見つけたり，特徴を知ったりして，親和性が増していきます。
　コミュニケーション能力の高い子どもたちは，自然にこのようなことができます。ところが，みんながみんなそうではありません。そのままにしていては，いつまでもお互いのことを知り合わないまま1年間が終わってしまうということにもなりかねません。だから，意図的にお互いの共通点や特徴を知り合う場をつくることが大切なのです。そうすることで，お互いの親和性は増し，協働力を発揮するチームに近づくことになります。

(1)　**得意技発表会**
　「得意技発表会」とは，子どもたちがそれぞれ自分の得意なことをみんなの前で披露する会です。個人で発表してもよいし，グループで発表してもよい。場所と時間を確保さえすればよいので，手軽にできるイベントです。普段の生活では見ることができない友だちの特技を見ることができ，なかなか見せる機

会がなかった自分の特技も友だちに見てもらう機会になります。

　子どもたちは実に多様な面をもっています。放課後いろいろな習い事をしている子どもがいます。いろいろな趣味をもっている子どもがいます。いろいろな特技をもっている子どもがいます。

　それを教室の中で，発揮している子もいます。ピアノや習字，サッカーなど学校の授業で扱うような特技をもっていたり，積極的に自分の特技をアピールしたりできる子どもたちです。そういう子どもたちは，普段の学校生活でもそれを披露する場があります。

　しかし，教室ではあまり披露する機会のない特技や趣味をもっている子どももいます。そして，それを積極的にはアピールすることができない子どももいます。

　だから，学級活動で「得意技発表会」を開き，それぞれの特技を披露し合う場を設けます。これにより，友だちの今まで見ることができなかった面を見ることができます。

　私は，新しいクラスを担任すると毎回，得意技発表会を開いてきました。

　今までに披露された得意技は，新体操，フラダンス，空手，タップダンス，習字，イラスト，ピアノ，ものまね，一輪車，漫才，バイオリン，怖い話，なぞなぞ，マジック，跳び箱，野球のキャッチボール，サッカーのリフティングなどです。

　得意技発表会を開くに当たって注意すべきことは，「やることがない」と言う子どもをどうするかです。よく話を聞いてみて，何かできることがないか教師が一緒に考えます。その子と教師の個性によって，例えば教師と一緒に漫才をやったり，一緒に歌を歌ったり，合奏をしたりします。また，簡単なマジックを教師が教えてあげたり，おもしろいなぞなぞの問題を教えてあげたりします。みんなの前で話すのが苦手な子は，家で描いてきた絵を見せたり，工作を見せたりするなどでもよいです。

　いずれにしても，その子が「やってよかった」と思えるように，その子に寄り添って一緒に考えることが大事です。

【得意技発表会を開くまでの手順】
① 得意技発表会を開くことを伝える。（開催２週間前）
今までのクラスではどんな得意技が発表されたかを伝える。
② 子どもたちから何を発表するかを聞く。（開催10日前）
やることが同じ子がいた場合，グループを組ませる。
やることがないと言う子やみんなの前で発表するのが苦手な子には，教師が相談に乗る。
③ やることを確定する。（開催１週間前）
体育館や校庭を使う得意技を発表する子がいた場合，校内でお願いして使えるようにする。
④ 実行委員を募り，プログラム，司会などを決める。（開催３日前）
⑤ 練習や準備の時間を取る。（前日）
⑥ 得意技発表会を開く。（当日）
⑦ 写真を学級通信に載せたり，教室に掲示したりする。（後日）

(2) 毎朝の健康観察で

「はい。体育です」「はい。図工です」

毎朝の健康観察で，例えば「好きな教科」など子どもたちの特徴がわかるテーマを決めて，返事の後に答えるようにします。テーマは，好きな教科，好きな給食のメニュー，好きな寿司ネタ，好きな動物，好きなスポーツ，好きなテレビ番組，５年生で楽しみにしていること，朝ご飯のメニュー，隣の友だちの

よいところ，最近ハマっていることなどです。
　共通点が見つかったり，意外な一面がわかったりします。

(3) **質問タイム**

　日直になった子どもに，みんなが次々に質問をしていきます。

「好きな動物は何ですか？」
「猫です」
「猫を好きになったきっかけはあるのですか？」
「お父さんが捨て猫を拾ってきて，家で飼い始めたのがきっかけです」
　一問一答にならないように，関連する質問をすることと，その子のよさや特徴が出るような質問をするようにアドバイスします。
　福岡県の菊池省三氏に教わったミニライフヒストリーを参考にしています。

(4) **自己紹介質問ゲーム**

　班の中で，一人の子にみんなで質問をします。
「好きなスポーツは何ですか？」
「サッカーです」
「好きな色は何色ですか？」
「赤です」
　たくさんの質問をして，それに答えます。
「質問＋答え」で１ポイントとなります。制限時間３分の間に，多くポイン

トを取った班の勝ちになります。質問に答える子が，アナログカウンターを持っていて，回数をカウントするとよいです。ゲーム感覚で友だちのことをよく知ることができます。

　これも福岡県の菊池省三氏に教わりました。

(5)　ラッキー7

　当てはまる子の人数が7人になるような質問を考えた子が勝ちになるゲームです。

　代表になった子がみんなに質問をします。

　「朝，牛乳を飲んできた人？」

　「はーい」

　当てはまる子は挙手をします。

　挙手をした子の人数が7人だったら勝ちになります。教師が「ラッキー」と言い，子どもたちが「セブン！」と応えます。元気に言うと楽しい雰囲気になります。

　例えば，次のような質問をします。「犬派か猫派かと聞かれれば，猫派である人？」「朝パンを食べてきた人？」「昨日，一輪車に乗った人？」「昨日，漫画を読んだ人？」「先生のことを若くて素敵だなと思う人（笑）？」

4 協働力を高めるための極意

端的に言えば,

> 進むべき道を明らかにし,お互いのことを知り合う

ことで協働力は高まります。

それを丁寧にやっていきましょう。

ここで紹介した活動をするときだけでなく,普段の授業の中で,意識していくことが大切です。

「一緒に課題を達成しよう」

「○○君の教えてくれたやり方でやったら,私もできた。ありがとう」

「君はおもしろい発想をするんだね」

「僕も同じように考えて間違えたんだよ」

授業の中で,そして,あらゆる場面で,このように思える場面を意識してつくっていきましょう。

(飯村　友和)

10 「協働するって, いいね！」
みんなによる, みんなのためのクラスづくり

1 「協働力を高める」には

(1) クラスの様子から

　朝のあいさつ。みんなで「おはようございます！」と元気よく言ったら, 教室を回って, 一人ひとりとおしゃべり。「おはよう！」「元気？」「昨日のテレビ見た？」みんなとっても楽しそう。男子も女子もにこにこ笑顔。あちらこちらで会話がはずむ。

　業間休みはクラス遊び。「みんな〜, 今日のクラス遊びはドッジボールだよ！」と, 遊び係が呼びかける。「やった〜！」「みんなで遊ぼう！」みんなで遊ぶのが, みんな大好き！

　あっ, もうすぐ授業が始まりそう。それに気づいた子が, 「みんな, 1分前だよ！そろそろ座ろう！」と呼びかける。他のみんなは「OK！」「了解〜！」と応じる。気づいていない子には, 「○○君, もうすぐ授業が始まるよ〜」と優しく声をかける。みんなの声かけで, チャイムと同時に授業スタート！

　掃除の時間。○○君がごしごしと床を拭いている。△△さんは, すみっこのゴミまできれいに集めている。みんなしゃべらず, 掃除に集中。そんな中でも, みんなが何をしているかよく見ている。ちりとりをさっと渡したり, 誰かが机を運び始めたら, みんなで運んだり……。みんなで協力して掃除をしているか

ら，いつもぴかぴか！

　これらは，昨年度の私のクラス（6年生）の様子です。「自分たちでクラスをよりよくしていこう！」と協働する場面が，1日の中で数多く見られました。
　しかし，もちろん，最初からこのように協働できたわけではありません。4月の頃は，5年生までの「仲よしグループ」で固まって行動し，教師の指示を待つという状態でした。
　私は，4月に子どもたちに聞きました。

> 「担任の先生があらゆることを決定し，みんなはただ指示に従うだけのクラス」と，「みんな一人ひとりが意見やアイディアを出し合い，みんなで協力して目的に向かって取り組めるクラス」。
> みんなはどちらのクラスにしていきたいですか？

　子どもたちは，「みんな一人ひとりが意見やアイディアを出し合い，みんなで協力して目的に向かって取り組めるクラスにしていきたい」と答えてくれました。そして，それをクラス目標にしようと話し合い，「みんなによる，みんなのためのクラス」というクラス目標になりました。
　そこから，子どもたちの実態を考慮しながら，学校生活のあらゆる場面で「協働力を高める活動」を行っていきました。

(2) 「協働力を高める」には
　では，「協働力を高める活動」を行うには，どのようにすればよいのでしょうか。
　私は，次の3つの流れで考えています。

> ① 教師が，ある活動にスポットを当て，「この活動で子どもたちが協働するには，どういう工夫をすればよいか」と考える。
> ② ①で考えた「協働力を高めるひと工夫」を入れて，その活動を行う。

③ 活動後,フィードバックをして,「協働することのよさや価値」を子どもたちにたっぷりと感じさせる。

ここでは,「あいさつ」にスポットを当てて,具体的に説明します。
① まずは,次のように考えます

『あいさつをする』という活動において,子どもたちが協働するには,どのような工夫がとれるだろう。

このときに,無理に「クラス全体」を考えなくてもかまいません。例えば,「隣の席の子に,握手をしながらあいさつをする」。「班のみんなに,ハイタッチをしながらあいさつをする」。これも「協働」です。そう捉えると,ぐっと手立てが取りやすくなるのではないでしょうか。
② ①で考えたひと工夫を入れて「あいさつ」をします
ここでは,「班のみんなに,ハイタッチをしながらあいさつをする」というひと工夫を入れたとします。
③ 活動が終わったら,子どもたちに「フィードバック」をします
実は,何より大切にしてほしいのが,この「フィードバック」です。適切なフィードバックをすることで,子どもたちのやる気に火をつけます。
フィードバックを通して,「協働することのよさや価値」を子どもたちにたっぷりと感じさせてあげてください。ただやらせっぱなしにすると,子どもたちは「めんどうくさい」「やりたくない」と思ってしまいます。
例えば,次のようなフィードバックはいかがでしょうか。

> みんな,今ね,みんながぱあっと笑顔になったよ。それはどうしてだと思う?それはね,班のみんなに「ハイタッチあいさつ」をしたからだね。友だちとあいさつをすると,元気がもらえるね。笑顔になるね。みんなが楽しそうに「ハイタッチあいさつ」をしていて,先生は嬉しかったなあ! どうもありがとう!

　このようなフィードバックがあると，「よし，次もがんばろう！」と思いませんか。今回はしぶしぶした子も，「次はもうちょっと笑顔でしてみようかな」という気持ちになるかもしれません。

　この①②③の流れで，1日の生活の中のいろいろな活動において，協働力を高めていきます。

2 「協働力を高める」ひと工夫

　先程の「あいさつ」の例のように，1日の生活の中のいろいろな活動において，「協働力を高めるひと工夫を入れてみよう」と考えます。

　すると，子どもたちが登校してから下校するまでのあらゆる場面で，「協働力を高める活動」を取り入れることができます。

　今回は，授業以外の活動を紹介します。ただ，ここで紹介するものを，すべて行っているわけではありません。「今はこれとこれをやろう」というように，そのときの子どもたちの実態に合わせて選んで行っています。

　もちろん，手立ては無数にありますので，これは一つの例です。

(1) 歌を歌うとき
〈子どもたちの実態〉

> 歌を歌っているときの表情が硬い。雰囲気が暗く，声が出ない。

〈協働力を高めるひと工夫！〉

> 「みんなで輪になって歌う」

　歌を歌うときに，前を向いて歌うのではなく，みんなで輪になります。

輪になると，みんなの顔が見えます。みんなの顔を見ながら歌うと，表情が柔らかくなります。協働の意識が高まり，一体感が生まれて声も出やすくなります。歌い終わった後に拍手をすると，さらにいい雰囲気になります。
　一つの輪だと大きすぎるときは，2つの輪にしてもよいでしょう。クラスの実態によりますが，「手をつないで輪になる」という手立ても取れます。

〈こういうフィードバックはいかが？〉

> 　みんな，どうだった？　前を向いて歌うより，輪になって歌ったほうが，みんなの表情が柔らかくなって，大きな声も出ていたよ〜！　それはどうしてだと思う？　それは，輪になることで，みんなの顔が見えたからだね。みんなで歌うって，楽しいね！　みんなが一つになっていたよ！

(2) 宿題や連絡帳などの提出物を出すとき

〈子どもたちの実態〉

　宿題や連絡帳などの提出物が全員そろわない。集めるのに時間がかかる。

〈協働力を高めるひと工夫！〉

　「班ごとに提出物を出す」

　宿題や連絡帳を提出したり，授業中にノートを集めたりするときに，一人ひとりがばらばらに出すのではなく，班ごとに集めて出します。

そうすることで,「○○君,連絡帳出してね」「△△さん,宿題よろしく―!」と,お互いに声をかけ合うようになり,協働の意識が高まります。

「班ごと」以外にも,体育の授業ならば「チームごと」,運動会のシーズンならば「赤白ごと」など,いろいろと応用できます。

〈こういうフィードバックはいかが?〉

> みんな,今,先生はすごく感心したよ。なぜなら,班ごとに集めるとき,○○さんが△△君に「連絡帳よろしくね!」と言ったり,□□君は「俺が持っていくから,みんな出してね~!」と声をかけたりしていたからだよ。どの班も協力できていたね! みんなのおかげで,あっという間に集まったよ。どうもありがとう!

(3) **特別教室へ移動するとき**

〈子どもたちの実態〉

> おしゃべりをする子や,横に広がって歩く子や,遅れる子がいる。

〈協働力を高めるひと工夫!〉

> 「みんなで目標をつくり,移動するときにみんなで声に出して言う」

学級会で,「特別教室への移動の仕方の目標」を話し合います。「おしゃべりをしないで行く」「右側通行をする」などの目標が決まります。それを,画用紙に書いておきます。

次が体育の授業なので,体育館に行くとします。並び終わったら,学級委員や体育係が「移動するときの目標をみんなで言いましょう」とみんなに声をかけます。画用紙を見ながらみんなで目標を言うことで,協働の意識が高まりま

す。言い終わったら出発します。

　そして体育館に着いたら，学級委員や体育係が「移動の目標はできましたか？」とみんなに聞きます。できていない子を注意するよりも，「みんなで移動の仕方をよくしていこう」という視座でフィードバックを行います。

〈こういうフィードバックはいかが？〉

> 　みんな，今の廊下歩行はどうだった？　実は，廊下歩行って，どの学校でも気をつけているけれど，なかなかできていないことなんだよね。でも，みんなは，自分たちで目標を決めて，自分たちの力でチャレンジしようとしているね。そんなみんなの気持ちが，素晴らしいなあと思ったよ！　先生は，みんなのことを応援しているからね！

(4)　授業が始まるとき

〈子どもたちの実態〉

> チャイムが鳴っても，なかなか全員が席に座らない。

〈協働力を高めるひと工夫！〉

> 「授業開始1分前になったら，みんなで声をかけ合う」

　授業開始1分前になったら，みんなで「1分前だよー！みんな，座ろう！」と声をかけ合います。それでもまだ座っていない子がいたら，「○○君，座ろう」「△△さん，授業が始まるよ」と，名前を呼んで声かけをします。

　もし1分前になったことに子どもたちが気づかない場合は，「1分前になったよ」と教師が教えてあげてもよいでしょう。全員がチャイムが鳴る前に座ることができたら，みんなで拍手をします。協働のよさを実感し，さらによい雰

囲気になります。
〈こういうフィードバックはいかが？〉

> みんな，全員がチャイムが鳴る前に座れたね〜！ どうしてできたかわかる？ みんながお互いに「１分前だよ〜！ 座ろう！」と呼びかけたからだね。みんなの力ってすごいね！ みんなのおかげでチャイムと同時に授業を始めることができるよ。どうもありがとう！

(5) **給食を配膳するとき**

〈子どもたちの実態〉

給食の配膳に時間がかかる。待っている子の態度がよくない。

〈協働力を高めるひと工夫！〉

「給食の配膳を，クラスみんなで行う」

給食は，みんなで食べるものです。それなら，クラスみんなで配膳をします。「みんなで食べるのだから，みんなで配膳をしよう」と声をかけます。

ご飯やスープをお皿に盛りつけるのは，白衣を着ている子です。盛りつけられたお皿を運ぶのは，白衣を着ていない子です。

みんなで配膳すると，あっという間に終わります。給食当番だけで配膳した場合とかかる時間を比べてみると，協働の力を実感できるでしょう。

〈こういうフィードバックはいかが？〉

> みんな，すごいなあ！　あっという間に給食配膳が終わったね。みんなのおかげで，給食をゆっくり食べることができるね。みんなでやると，こんなに早いんだねえ。いやー，みんなの力って，すごい！　これからも，みんなで協力していこうね！

(6) 掃除をするとき

〈子どもたちの実態〉

いいかげんに掃除をする。同じ掃除場所のメンバーで協力できない。

〈協働力を高めるひと工夫！〉

「同じ掃除場所のみんなで，あいさつ→目標→振り返り」

　学級会で，それぞれの掃除場所ごとに「掃除の目標」を決めます。それを画用紙に書いておきます。

　掃除が始まる前に，同じ掃除場所のみんなであいさつをします。そして，画用紙を見ながら，「掃除の目標」をみんなで言います。

　掃除が終わったら，その目標に対してどうだったか，みんなで振り返りをします。そして，みんなで終わりのあいさつをします。

　最後に，同じ掃除場所のみんなで，教師のところに来ます。そして，「○○掃除，終わりました。今日がんばっていた人は，△△さんです。明日は〜〜します」と報告をします。友だちのよさを伝えることで，「みんなで掃除をがんばった」と，協働のよさを実感します。

〈こういうフィードバックはいかが？〉

> みんな，掃除をがんばっていたね〜！　先生がいいなあと思ったのは，報告してくれたときに，友だちのがんばりを笑顔で伝えてくれたところだよ。みんなが協力しているから，友だちのがんばりを見つけることができたんだね！掃除は一人だと大変だけれど，みんなでやるとすごくきれいになるね！　これからも，みんなで協力して掃除をがんばってね！

3　楽しく温かい雰囲気を大切に！

　最後に，「協働力を高める活動」を行うときに，気をつけてほしいことを伝えます。
　それは，

「みんなで」にこだわりすぎて，場の雰囲気を冷やさない

ということです。
　こう思うのは，私自身の失敗体験からです。

　「協働力を高める活動」では，「みんなで」「班で」「ペアで」などの指示や声かけを子どもたちにします。本稿にも，「みんなで」という表現がかなり多く使われています。
　「協働なのだから，みんなで協力して取り組まないと！」……それ自体は間違っていません。しかし，みんなで何かに取り組むと，どうしても「遅れてしまう子」や「ふざけてしまう子」がいるものです。
　私は，「みんなで」にこだわりすぎ，そういう子たちにばかり目が行っていました。「早くしないと，みんなが困っているよ！」「みんなでしているのに，どうしてふざけるの!?」と，その子たちをその都度注意していました。意欲的に取り組んでいる子たちに，適切なフィードバックができませんでした。

その結果，場の雰囲気がどんどん冷えていきました。「言われるからやる」「仕方なくやる」という状態になっていきました。何のために協働力を高める活動を入れたのか，本末転倒になってしまいました。

　その反省があり，協働力を高める活動を行うときに私が心がけていることは，次のことです。

> 「協働するって，いいね！」と子どもたちが思えるように，教師が楽しく温かい雰囲気をつくり出す。

　自戒を込めて書きます。

> ●教師が楽しみましょう。
> ●教師が笑顔でいましょう。
> ●教師が子どもたちを包み込みましょう。
> ●教師が温かい雰囲気をつくりましょう。

　教師が楽しく温かい雰囲気をつくり出すことが，「協働力を高める活動」を通してクラスが伸びていく土壌となります。
　これからも，子どもたちに協働することのよさや価値をたっぷりと感じてもらい，「みんなによる，みんなのためのクラス」づくりを進めていきたいと思います。

（浅野　英樹）

あとがき

　多くの教師に大事だと認識されながら，教員養成から現職教育を通して学ばれないことの一つに「学級集団づくり」があります。教育活動がうまくいかない理由のほとんどは

> 人間関係に起因する問題，即ち，学級集団づくりの失敗

です。そんな集団づくりの心強い味方として本シリーズを企画しました。

　基本的な考え方を示した理論編と，全国の気鋭の教師たちの実践を示した実践編から成ります。本書は単なる「成功談の羅列」ではありません。失敗談も開示してもらっています。成功者は，失敗に学んでいます。失敗を堂々と言語化できるということは，それをリカバリーする方法をもっているということであり，それが実力の証明なのです。

　最近は，書評にそうした本シリーズの個性を評価するお声が寄せられるようになりました。本シリーズは，集団づくりのセオリーに則って構成されています。皆さんのニーズのどこかにヒットすることでしょう。

『学級を最高のチームにする極意シリーズ』ラインアップ

〇学級開きに
『一人残らず笑顔にする学級開き　小学校〜中学校の完全シナリオ』
　学級開きの考え方から，小中学校におけるシナリオを完全に再現しました。

〇学級目標づくりに
『最高のチームを育てる学級目標　作成マニュアル＆活用アイデア』
　目標づくりだけでなく，それを具体化する活動とセットで示しました。

〇年間戦略に
『自ら向上する子どもを育てる学級づくり　成功する自治的集団へのアプローチ』

学級集団の究極の成長段階であり、アクティブ・ラーニングを成功させている教師たちが実現している学級の姿として指摘されている自治的集団（チーム）を育てるための具体的実践群です。

また、学級集団は、どんなに良好な状態であろうともそのほとんどが４月後半から６月にかけて最初の危機を迎えます。子どもたちがいろいろなメッセージを発してくる頃です。それをいかに受け止めて彼らの成長につなげるかが危機を回避し、学級づくりをさせるポイントです。

○いじめを予防し、いじめに立ち向かうクラスづくりに
『いじめに強いクラスづくり　予防と治療マニュアル　小学校編・中学校編』

いじめをないものとして捉えるのではなく、いじめはあるものとしてその事実から、いじめに負けない子どもたちを育てます。

○気になる子の支援に
『気になる子を伸ばす指導　成功する教師の考え方とワザ　小学校編・中学校編』

気になる子の指導のポイントは信頼関係づくり。ちょっとつながりにくい彼らと心と心を通わせる感動の実践群です。

○思春期の子どもたちと向き合うために
『思春期の子どもとつながる学級集団づくり』

思春期の子どもたちとの付き合いは難しいと言われます。しかし、難しいだけにつながったときの喜びは大きいものです。つながる達人たちが、温かな実践を繰り広げています。

○子どもたちとの個人的信頼関係の構築に
『信頼感で子どもとつながる学級づくり　協働を引き出す教師のリーダーシップ　小学校編・中学校編』

最初の危機を乗り越え、２学期以降の経営が安定するためは、教師と子どもたちの個人的信頼関係をいかに築くかにかかっています。メンバーとの個人的信頼関係の強さが、リーダーの指導力の源泉となります。リーダーとの強い絆が、子ども同士の積極的な協働のエネルギーとなります。技術論だけでは、

子どもたちは主体的に行動しないのです。子どもたちのやる気に火をつけるのは，個人的信頼関係の構築にかかっています。子どもたちとの個人的信頼関係をつくるあの手この手が示されています。
〇集団のルールづくりに
『集団をつくるルールと指導 失敗しない定着のための心得 小学校編・中学校編』
　学級はルールから崩れます。また，子どもたちのやる気に満ちた集団の実現は，教師のパフォーマンスでも声の大きさでもなく，ルールの定着度にかかっています。よい学級には，よいルールがあります。そのルールの具体と指導法がギッシリです。
〇やる気を引き出す授業づくりに
『やる気を引き出す全員参加の授業づくり 協働を生む教師のリーダーシップ 小学校編・中学校編』
　クラスでは目立った問題が起きないけれども，仲もそれほど悪くないようだけれども，授業に活気が感じられない，素直に学習しているけれども，やる気があるようには見えないというクラスが増えています。そこには，授業者である教師が見落としがちな問題が潜んでいることがあります。子どもたちのやる気を引き出し全員参加の授業を実現するにはどうしたらいいのでしょうか。そのためのアイディアが満載となっています。
〇アクティブ・ラーニングの視点による授業改善に
『アクティブ・ラーニングで学び合う授業づくり 小学校編・中学校編』
　アクティブ・ラーニングは，単なるペアやグループを活用した交流型の学習ではありません。そして，ただ学習内容に深く触れればいいわけではありません。そこには子どもたちの主体的に学び合う姿が必要なのです。子どもたちが，生き生きと関わりながら学ぶ授業づくりの具体例を豊富に示しました。

○クラスのまとまりを生む協働力の育成に
『クラスがまとまる！　協働力を高める活動づくり　小学校編・中学校編』

　「クラスがまとまらない」という話をよく耳にします。今の時代は，まとめようとしてもまとまりません。子どもたちを一定の枠に入れ込む発想は，もう時代遅れです。子どもたち一人ひとりに，協力して課題を解決する力，つまり，協働力を育てるようにします。子どもたちのつながる力を引き出す指導のステップと魅力的な活動例が豊富に紹介されています。

　教師という仕事が，ただならぬ大変な仕事であることが社会的にも認知されてきました。だから，安心して仕事をするためには危機管理を怠らないことです。少し考えてみてください。授業を1時間，2時間失敗しても，教師が厳しく責任を問われることはありません。しかし，学級経営や学級集団づくりを失敗してしまったらどうでしょう。子どもたちや保護者と信頼関係をこわしてしまったら，学級崩壊をさせてしまったら……，このような場合には，厳しい問題が起こることが容易に想像がつくことでしょう。

　しかし，私が多くの学校現場を見て歩き気づかされることは，授業づくりの研修ばかりに時間をかけ，学級集団づくりに然るべきコストをかけていない現実です。教師もしっかりと危機管理をしていかないと，安心して仕事ができない時代となってきました。現実を見据えて，安心のための準備をしておくことはプロとして必要なことだと思います。このことは，授業づくりに手を抜いていいと言っているのではないことはご理解いただけると思います。

　本書は，教師が安心して仕事をするために必要な集団づくりに関する情報が密度濃く示されています。これからも続々と発刊の予定です。ご期待ください。

　　　　　　　　　　　　　　　　　　　　　　　　　　　　赤坂　真二

【執筆者一覧】（掲載順）

赤坂　真二	上越教育大学
金　大竜	大阪府大阪市立千本小学校
生方　直	群馬県高崎市立久留馬小学校
弥延　浩史	青森県藤崎町立藤崎小学校
近藤　佳織	新潟県魚沼市立広神西小学校
小野　領一	奈良県奈良市立大安寺小学校
松山　康成	大阪府寝屋川市立啓明小学校
中條　佳記	奈良県王寺町立王寺南小学校
渡邊　正博	新潟県柏崎市立鯨波小学校
飯村　友和	千葉県八千代市立高津小学校
浅野　英樹	千葉県船橋市立飯山満南小学校

【編著者紹介】

赤坂　真二（あかさか　しんじ）
1965年新潟県生まれ。上越教育大学教職大学院教授。学校心理士。19年間の小学校勤務では，アドラー心理学的アプローチの学級経営に取り組み，子どものやる気と自信を高める学級づくりについて実証的な研究を進めてきた。2008年4月から現所属。即戦力となる若手教師の育成，主に小中学校現職教師の再教育にかかわりながら，講演や執筆を行う。

【著　書】
『スペシャリスト直伝！　学級づくり成功の極意』(2011)，『スペシャリスト直伝！　学級を最高のチームにする極意』(2013)，『THE　協同学習』(2014)，『THE　チームビルディング』(2014)，『一人残らず笑顔にする学級開き　小学校〜中学校の完全シナリオ』(2015)，『最高のチームを育てる学級目標　作成マニュアル＆活用アイデア』(2015)，『自ら向上する子どもを育てる学級づくり　成功する自治的集団へのアプローチ』(2015)，『クラス会議入門』(2015)，『いじめに強いクラスづくり　予防と治療マニュアル』(2015)，『思春期の子どもとつながる学校集団づくり』(2015)，『気になる子を伸ばす指導　成功する教師の考え方とワザ』(2015)，『信頼感で子どもとつながる学級づくり』(2016)，『スペシャリスト直伝！　成功する自治的集団を育てる学級づくりの極意』(2016)，『集団をつくるルールと指導』(2016)，『やる気を引き出す全員参加の授業づくり』(2016)，『アクティブ・ラーニングで学び合う授業づくり』(2016)（以上，明治図書）
他多数

学級を最高のチームにする極意シリーズ

クラスがまとまる！
協働力を高める活動づくり　小学校編

2017年3月初版第1刷刊	ⓒ編著者　赤　坂　真　二
	発行者　藤　原　光　政
	発行所　明治図書出版株式会社
	http://www.meijitosho.co.jp
	（企画）及川　誠　（校正）姉川直保子
	〒114-0023　東京都北区滝野川7-46-1
	振替00160-5-151318　電話03(5907)6704
	ご注文窓口　電話03(5907)6668
＊検印省略	組版所　長　野　印　刷　商　工　株　式　会　社

本書の無断コピーは，著作権・出版権にふれます。ご注意ください。

Printed in Japan　　　　　　　　ISBN978-4-18-255423-0
もれなくクーポンがもらえる！読者アンケートはこちらから　→